내면의 황금

Inner Gold

내면의 황금

| 심리적 투사의 이해 |

로버트 A. 존슨 저 | 박종일 역

인간사랑

INNER GOLD :
Understanding Psychological Projection by Robert A. Johnson

차례

CHAPTER 1
내면의 황금

황금 투사하기

우리가 다른 사람의 특징과 속성에 주의를 기울일 때 우리 자신의 깊이와 의미를 깨닫는다. 우리의 황금은 처음에 우리에게서 나와 그들에게로 옮겨졌다가 마침내 우리에게로 다시 되돌아온다. 우리 내면의 황금을 투사하는 것은 깨달음이 깊어지는 최상의 기회이다.

내가 심리분석을 처음으로 배웠던 프리츠 쿤켈Fritz Kunkel은 심리학을 공부하는 데는 세 가지 길이 있다고 했다. "그리스 신화를 읽는 것, 융을 읽는 것, 그리고 관찰하는 것." 나는 관찰을 통해 아주 많은 것을 배웠는데, 가장 주의 깊게 관찰한 것은 우리 내면의 연금술로 만들어진 황금의 교환이었다. 내면의 황금은 최고 가치의 인간정신으로서 우리의 영혼, 자아, 우리 존재의 가장 깊은 내면이다. 그것은 우리가 지선至善에 이르렀을 때이며, 우리에게 주어진 24금 선물이다. 우리는 누구나 내면의 황금을 갖고 있다. 그것은 만들어지는 것이 아니라 찾아내야 하는 것이다. 내가 황금에 대해 이렇게 말할 때는 또한 신에 관해 얘기하는 것이기도 하다. 이것은 하나의 신비를 설명하는 두 가지 방식이다.

삶에서 새로운 가능성을 깨달았을 때 우리는 그 가능성을 다른 사람에게서 먼저 보게 되는 경우가 많다. 숨겨져 있던 우리의 한 부분이 드러날 때는 무의식에서 의식 가운데로 곧장 등장하지는 않는다. 그것은 중개자를 통해 우리에게 다가온다. 우리는 우리의 황금을 누군가에게 투사投射하며, 그러면 한 순간에 그 사람에게 몰입하게 된다. 몰입하게 되면 그 또는 그 여자가 어둠 속에서도 빛을 발한다. 그것이 바로 우리 내부에서 무언가 변화하고 있으며 우리의 황금을 다른 사람에게 투사하고 있다는 뚜렷한 신호이다.

우리가 다른 사람의 특징과 속성에 주의를 기울일 때 우리 자신의 깊이와 의미를 깨닫는다. 우리의 황금은 처음에 우리에게서 나와 그들에게로 옮겨졌다가 마침내 우리에게로 다시 되돌아온다. 우리 내면의 황금을 투사하는 것은 깨달음이 깊어지는 최상의 기회이다.

중세의 정신

연금술은 중세의 정신이 만개했을 때 나왔다. 중세 사람들은 현실을 안과 밖으로 나누지 않았으며, 심지어 둘 사이의 차이를 인식하지도 않았다. 그들에게는 내면과 외부가 같은 것이었다. 오늘날 우리가 갖고 있는 것들을 이루기 위해 우리는 세계를 둘로 나누어야만 했다. 이 점에 있어서 우리는 중세의 정신에 미치지 못한다.

중세에 연금술이란 흔한 금속을 황금으로 변화시키려는 시도에서 나왔다. 실제로 황금을 만들려는 협잡꾼도 있었지만 최고의 연금술사는 영혼의 황금을 다루는 사람이었다.

연금술은 중세의 정신이 만개했을 때 나왔다. 중세 사람들은 현실을 안과 밖으로 나누지 않았으며, 심지어 둘 사이의 차이를 인식하지도 않았다. 그들에게는 내면과 외부가 같은 것이었다. 오늘날 우리가 갖고 있는 것들을 이루기 위해 우리는 세계를 둘로 나누어야만 했다. 이 점에 있어서 우리는 중세의 정신에 미치지 못한다. 이만큼 성취하기 위해 우리는 외로움이란 대가를 치렀고 사랑할 줄 아는 능력을 잃어버렸다. 우리는 사랑에 빠질 때 우리가 사랑하는 대상 자체가 된다. 나는 오랫동안 사람들에게 외부와 내면을 구분하도록 가르치는 일에 종사했다. 당신은 당신이고 나는 나다. 당신 남편은 당신 남편이다. 우리는 아직도 현대 정신으로의 전환을 완성하지 못했다. 많은 심리문제는 **바깥 그곳**과 **안쪽 여기**를 구분하지 못하는 데서 비롯된다.

인도의 가르침에 따르면 외부세계는 **마야**, 즉 환영幻影이다. 외부세계는 바깥 그곳에 있는 게 아니라 실재로는 내면에 있기 때문에 우리가 보는 것은 헛것이다. 우리는 우리가 투사한 "만물"을 보고 있을 따름이다. 고대 중국의 노자라는 이는 꿈에 나비를 보고 나서 자신이 나비를 꿈꾸었는지 나비가 자신을 꿈꾸었는지 구분하지 못했다.*

서양에서 자아의 상징은 황금이지만 동양에서 내적 신성神性의 상징은 다이아몬드이다. 내적 의미는 같지만 이미지는 다르다. 다이아몬드는 지상에서 가장 단단한 물체로 비세속적이고, 비인격적이며, 천상의 것이다. 이에 반해 황금은 훨씬 무르며, 관계로 맺어진 자아이다. 우리가 다루어야 할 것이 황금이기에 행운이라 할 수 있다.

* "나비의 꿈"은 『장자』(莊子)의 「제물론편」(齊物論篇)에 나온다. 저자가 장자를 노자(老子)로 착각한 듯하다(역주)

당신 눈 속의 광채

황금의 교환은 신비한 과정을 통해 이루어진다. 황금은 우리들 것이지만 너무나 무거워 얼마 동안 함께 나누어 짊어질 누군가가 필요하다. 그 사람은 의미와 동의어가 된다. 그가 어디를 가든 우리는 놓치지 않고 그를 따라간다. 그의 미소는 우리를 천국으로 들어올리고, 그의 찌푸린 얼굴은 우리를 나락으로 떨어트린다. 의미의 힘은 이처럼 강하다.

우리 영혼의 황금을 누군가에게 줄 때는 몇 가지 반응방식이 있다. 우리는 그 또는 그녀에게 다가가 이렇게 말한다. "내 삶의 의미가 당신 눈의 광채 속에 홀연히 나타납니다. 내가 그걸 좀 설명할까요?" 또 이렇게 말할 수도 있다. "내 내면의 황금을 당신에게 주었습니다. 당분간 나를 위해 지니고 있을래요?" 그러나 이렇게 직설적으로 말하는 경우는 거의 없다. 우리는 방 가운데 서로 떨어져 서서 상대에게 등을 돌린 채 더할 수 없는 두려움에 휩싸여 안절부절못한다. 우리는 아침 커피타임에 커피포트 주변에 모여 시시덕거린다. 농담을 건네고 웃음을 터뜨리며 활기찬 장난도 한다. 그리고 각자 자리로 돌아가면 에너지가 충만하고 즐거운 느낌으로 그날 하루를 보낸다. 이 때 함께 나눈 것은 한 잔의 커피가 아니라 내면의 연금술로 만들어진 황금이다.

황금의 교환은 신비한 과정을 통해 이루어진다. 황금

은 우리들 것이지만 너무나 무거워 얼마 동안 함께 나누어 짊어질 누군가가 필요하다. 그 사람은 의미와 동의어가 된다. 그가 어디를 가든 우리는 놓치지 않고 그를 따라간다. 그의 미소는 우리를 천국으로 들어올리고, 그의 찌푸린 얼굴은 우리를 나락으로 떨어트린다. 의미의 힘은 이처럼 강하다.

영웅숭배

유년기의 나 자신의 영웅숭배가 생생하게 생각난다. 영웅숭배는 매우 강한 유혹이다. 천천히, 그리고 고통스럽게 나는 영웅숭배—나 자신의 잠재력을 다른 사람에게서 찾아내는—과정을 밟아갔다. 그 동안에 나는 백발이 되었고, 유년기에 내가 숭배했던 그 영웅이 되었다.

황금의 교환은 때로는 영웅숭배의 방식을 통해 이루어진다. 열 살짜리 아이에게 이웃집 열두 살짜리는 영웅이다. 열 살짜리는 열두 살짜리를 닮으려 한다. 걸음걸이도 그 아이처럼 하고, 신발도 같은 것을 신는다. 열두 살짜리가 사용하는 말투를 따라하고, 가능한 한 그의 주변을 맴돌려 한다. 우리는 유행의 힘, 특히 한동네에 사는 청소년 사이에서 유행이 어떻게 번지는지를 안다. 같은 모양의 신발, 죄수복 같은 바지, 누구든 이런 것을 갖고 있어야 한다. 누군가 영웅숭배하는 것을 보면 외경심이 들기도 하고 또한 재미 있기도 하다.

2년 후면 열 살짜리는 열두 살이 되고 2년 전에 자신이 열두 살짜리에게 투사했던 바로 그 인물이 된다. 열 살짜리는 열두 살짜리에 완전히 동화되었다. 이제 그는 열네 살짜리를 숭배하는 새로운 사다리를 오른다.

유년기의 나 자신의 영웅숭배가 생생하게 생각난다. 영웅숭배는 매우 강한 유혹이다. 천천히, 그리고 고통스럽게 나는 영웅숭배—나 자신의 잠재력을 다른 사람에게서 찾아내는—과정을 밟아갔다. 그동안에 나는 백발이 되었고, 유년기에 내가 숭배했던 그 영웅이 되었다.

황금을 찾아서

그는 내게 신인(神人), 무한히 높은 가치를 지닌 존재였다. 나는 그를 흠모했고, 말 그대로 그에게 빠져들었다. 숲을 헤치고 지나가면서 나는 그가 앞서간 발자국을 따라 밟고 갔다. 그의 거대한 존재에 취해 현기증이 날 지경이었다. … 그 순간 나는 영웅숭배로 무엇을 성취할 수 있고 아울러 어떤 대가를 치러야 하는지 깨달았다.

열네 살이었을 때 나는 할머니와 함께 친척의 장례식에 참석하기 위해 워싱턴 주 스포케인으로 갔다. 그곳에서 나는 사촌 누이의 남편을 처음 만났다. 만나자마자 그는 나의 영웅이 되었다. 그 무렵 나는 정서적으로 불안정한 상태였다. 나는 다리가 불편하여 남자들의 세계에 제대로 참여할 수 없었다. 그런 방면에는 나는 별 재능이 없었다.

그의 이름은 토르였다. 그는 노르웨이 혈통이었고, 20대 초반의 나이에 건장하고 큰 체구를 갖고 있었다. 그는 신체를 움직여 하는 일에는 압도적인 주인공이었다. 이 사람이 내게는 중요한 의미를 갖는 일을 친절하게 가르쳐 주었다. 장례식 다음날 그는 가족 모임에서 나를 억지로 끌어내 사냥하러 숲으로 데리고 갔다. 그 때의 사냥은 내 생애의 처음이자 마지막이었다. 그는 내가 어떤 사람이며 내게 부족한 점이 무엇인지, 어느 정도의 빠르기로 나를 가르쳐야 하는

지 잘 알고 있었다. 그는 내게 총구가 어디로 향하도록 해야 하는지를 요령 있게 가르쳐 주었다. 그는 내게 신인神人, 무한히 높은 가치를 지닌 존재였다. 나는 그를 흠모했고, 말 그대로 그에게 빠져들었다. 숲을 헤치고 지나가면서 나는 그가 앞서간 발자국을 따라 밟고 갔다. 그의 거대한 존재에 취해 현기증이 날 지경이었다.

그 때 갑자기 그가 멈추어 서며 내게 말했다. "저기 봐! 다람쥐가 있어." 10–20야드 앞 소나무 가지 위에 다람쥐가 앉아 있었다. "잘 봐." 그는 어떻게 해야 하는지 정확하게 가르쳐 주었다. "여기를 다람쥐와 일직선으로 일치시켜. 그리고 방아쇠를 부드럽게 당겨. 그래야 총이 흔들리지 않아 바로 맞힐 수 있거든. '빵' 하는 소리가 날거야. 겁내지 마." 나는 그가 시키는 대로 했지만 당연히 빗맞혔을 것이라고 생각했다. "자, 가보자." 나는 그의 뒤를 따라 다람쥐가 앉았던 나무쪽으로 다가갔다. 그런데 보라! 나는 빗맞히지 않았다! 나뭇가지 아래에 피투성이 헝겊 같은 다람쥐가 떨어져 있었다. 나는 자랑스러움과 함께 공포를 느꼈다. 그 순간 나는 영웅숭배로 무엇을 성취할 수 있고 아울러 어떤 대가를 치러야 하는지 깨달았다. 나는 늠름한 남자가 되었지만 그것을 감당할 자신이 없었다. 나는 다람쥐를 쏘고 싶지 않았던 것이다. 우리는 집으로 돌아갔고, 나는 내내 우울한 느낌을 떨칠 수 없었지만 그래도 유쾌한 기분이 앞섰다.

돌려주기

이 세상을 살아오면서 나는 나름대로 몇 가지 특별한 황금을 짊어지고 왔다. 알피니스트가 암벽에 못을 박아 로프를 고정시킨 다음 그 로프를 붙잡고 올라가 새로운 못을 박고 그 못에 또 새로운 로프를 걸어 정상을 향해 가듯이 나는 몇몇 영웅들의 도움을 받아 앞으로 나아갔다. 이것이 우리가 성장하는 과정이다. 지금 우리의 모습은 어느 정도는 황금의 교환을 통해 이루어진 것이다.

40년이 지나 토르의 아내인 사촌 누이로부터 편지 한 통을 받았다. "네가 맞지? 로버트. 손녀가 집에 가져온 심리학 교과서에 보니까 저자가 로버트 존슨이더라. 틀림없이 바로 너일 거라고 생각했지." 40년이나 넘게 사촌 누이의 소식을 듣지 못했다. 우리는 곧바로 전화로 얘기를 나누었고, 누이는 자신의 예순 살 생일에 나를 찾아오겠다고 했다.

정말 뜻 깊은 만남이었다! 누이는 한 무리의 수행원들을 데리고 왔는데, 그 가운데는 나의 영웅 토르의 손자도 있었다. 손자 토르는 내가 할아버지 토르를 처음 만났을 때의 내 나이와 같았다. 그도 그 무렵의 나처럼 비쩍 마르고 현대세계의 소용돌이 속으로 느닷없이 끌려나온지라 두려움에 빠져 있었다. 내 머릿속에는 어떻게 그를 가르칠까 하는 생각으로 가득 찼다. 그래서 어린 토르를 안정시키기 위해 나는 내 생애 처음이자 마지막이었던 사냥 얘기를 들려주면서 그의 할아버지가 내게 준 놀라운 가르침에 대해 말해주었다. 유감스럽게도 할아버지 토르는 술을 너무 마셔 일찍 죽었고, 그의 인생은 실패작이었다. 사촌 누이는 그와 이혼하였고, 그 후 그는 곧바로 어려운 형편에 빠졌다. 이런 얘기는 듣고 싶지 않았다. 그는 한때 나의 영웅이었다.

한 마디도 하지 않고 있는 손자 토르에게 나는 이렇게 말해주었다. "난 네 할아버지에게 큰 빚을 졌단다. 이제 그 빚을 네게 갚아주마. 네가 나한테서 무엇을 바라든 그건 모두 내가 갚아야 할 빚이야." 어린 토르는 이내 나와 친해졌고, 나는 그의 영웅이 되었다. 그건 아름다운 교환이었다.

내면의 연금술로 만들어진 황금이란 이런 것이다. 당신 자신의 황금을 스스로 감당할 수 있을 때까지 다른 사람에게 맡겨둔다. 열네 살이었을 때 나는 토르가 할 수 있는 것을 할 수 없었다. 그 때 그는 스물네댓 살이었고, 그래서 나의 황금을 그에게 맡겼다. 그 때 내가 맡긴 황금은 남자다움, 강인함, 용기, 독립심 이런 것들이었는데, 내게는 하나도 없었지만 그는 많이 갖고 있었다.

40년이란 세월을 넘겨 나는 언젠가 맡겨두었던 나의 황금을 되찾아 왔다. 황금을 찾아올 때 나는 총 쏘는 방법을 가르치지 않았다. 생애 처음이자 마지막 사냥 이후로 총을

쓴 적이 없으니까. 어린 토르와 함께 앉아 있을 때 나는 모든 것을 또렷하게 알 수 있었다. 나는 어린 토르에게 이렇게 말했다. “내게 줄 황금이 있어.” 물론 그것은 그의 황금이었다. 그렇지 않다면 아무런 소용이 없을 테니까. 내가 어린 토르에게 줄 수 있는 것은 아무것도 없었다. 그렇지만 그가 나를 선택한다면 나는 그의 황금을 맡아둘 수 있었다. 어린 토르는 그렇게 선택했다. 나는 그보다 더 그다웠고 그는 나보다 더 나다웠다. 우리 두 사람과 그의 할아버지와의 관계보다 더 많이.

이 세상을 살아오면서 나는 나름대로 몇 가지 특별한 황금을 짊어지고 왔다. 알피니스트가 암벽에 못을 박아 로프를 고정시킨 다음 그 로프를 붙잡고 올라가 새로운 못을 박고 그 못에 또 새로운 로프를 걸어 정상을 향해 가듯이 나는 몇몇 영웅들의 도움을 받아 앞으로 나아갔다. 이것이 우리가 성장하는 과정이다. 지금 우리의 모습은 어느 정도는 황금의 교환을 통해 이루어진 것이다.

때로 다툼은 피할 수 없다

다른 누군가의 황금을 짊어진다는 것은 예술이자 어려운 책임이다. 당신이 누군가로부터 황금을 받았다면 그 황금을 조심스럽게 다루고, 요청이 있으면 지체 없이 돌려줄 준비를 하라. 불행한 일이지만 황금을 긁어모은 뒤에 돌려주지 않으려는 사람들이 있다. 그것은 일종의 살인행위이다.

황금을 교환하는 과정이 순조롭게 진행된다면 우리는 성숙해져 마침내 우리의 황금을 돌려달라고 말할 수 있을 만큼 강해진다. 그래도 처음 그 말을 꺼낼 때는 거북하기 마련이다. 방을 나설 때는 우리가 이제 떠난다는 사실을 스스로에게 확인시키기 위해 방문을 소리 나게 닫아야 할지 모른다. 우리의 황금을 돌려받을 때 이처럼 청년기의 미숙한 행태를 보이는 것은 무슨 일이 벌어지고 있는지 우리가 제대로 이해하지 못하고 있기 때문이다.

다른 누군가의 황금을 짊어진다는 것은 예술이자 어려운 책임이다. 당신이 누군가로부터 황금을 받았다면 그 황금을 조심스럽게 다루고 요청이 있으면 지체 없이 돌려줄 준비를 하라. 불행한 일이지만 황금을 긁어모은 뒤에 돌려주지 않으려는 사람들이 있다. 그것은 일종의 살인행위이다. 그런 사람들은 추종자나 동조자를 모아놓고 착취한다. 내게 그런 일이 있었는데, 정말 고통스러운 경험이었다.

나의 아버지는 내게 진정으로 아버지 노릇을 한 적이 없다. 그러므로 내 안의 부성애父性愛 황금은 누가 맡긴 것이 아니었다. 어린 시절의 대부분을 나는 결코 가져본 적이 없는 아버지를 찾아 헤맸다. 20대가 되었을 때 어느 날 부성애 황금을 맡기기에 이상적으로 보이는 한 남자가 내 삶 속으로 들어왔다. 그 사람은 아버지처럼 행동했고, 내게 남자다움의 원형적인 역할을 보여주겠다고 말했다. 나는 그를 믿었고, 지혜롭고 나이 든 남자가 나를 삶의 다음 단계로 인도하는 것을 받아들일 준비가 되어 있었다. 이제 비로소 나는 자신만만한 그 사람의 그늘에서 위안을 얻을 수 있었다. 나는 그 사람에게 나의 황금을 주었고, 그것은 행복한 경험이었으나 며칠 가지 못했다.

한 주가 지나지 않아 그는 나를 조종하고 지배하며 나의 삶을 설계하고 나를 이용하기 시작했다. 나는 부성애 황금을 그에게 맡긴 대가가 그런 것이라고 생각하고 견뎌냈다. 그러나 그가 그런 행동을 계속하도록 허용하기에는 나는 이미 너무 많은 것을 알고 있었다. 나는 내 황금을 돌려달라고 요구했고, 그는 돌려주려 하지 않았다. 그는 조종을 계속하려 했다. 나는 그 사람에 맞서 싸워야 했다. 물론 그 싸움은 주먹질이 아니라 정신적인 것이었다. 나는 그 사람의 인생행로에서 빠져나와 나의 길을 가려고 싸웠다. 우리 두 사람 사이에는 아직도 적대감이 남아 있다. 그것은 지독한 경험이었다.

우리 문화에는 이런 일에 대한 이해가 부족하다. 그래서 우리가 다른 사람에게 내 황금을 돌려달라고 요구해도 그 여자는 우리가 하는 말을 알아듣지 못할 것이다. 그 여자는 아마 이렇게 말할 것이다. "전에는 당신이 내가 들어갈 때 문을 열어주며 공주처럼 대하더니 이제는 나를 무시하는군요." 사람들은 역동성을 이해하지 못한다. 당신의 황금을 돌려받은 후에라야 비로소 다른 사람의 황금을 볼 수 있다. 적절한 시기가 되었을 때, 무게를 감당할 준비가 되었을 때 당신은 황금을 돌려받아야 한다. 품위 있고 재치 있게 이 일을 해낼 수 있다면 더 바랄 것이 없지만, 그렇지 못한 방식이라 할지라도 돌려받아야 한다.

의식 갖추기

나는 그에게 말했다. "이건 너의 황금이야. 그러니까 있을 곳은 네 주머니밖에 없어. 요 몇 년 동안 네 황금을 내게 맡겨주어서 고마웠어. 그렇지만 그건 네 것이고, 이제는 네게 돌려주어야 해." 그것은 성숙해 가는 의미 깊은 순간이었다. 나는 적당한 때에 황금을 돌려줄 준비를 해왔다. 자신의 인생에서 무엇이 일어나고 있는지, 바람직한 결과가 무엇인지를 분명히 아는 것은 큰 도움이 된다.

황금을 돌려주는 일의 의미를 잊지 않기 위해 의식儀式을 만들 수도 있다. 내게서 심리치료를 받던 한 청년은 자신의 황금의 큰 덩어리를 내게 주었다. 처음부터 이 청년은 만날 때마다 내게 자신의 황금을 주려 하였다. 그럴 때 나는 이렇게 말해주곤 했다. "이건 너의 가치야. 잠시 동안 그걸 내 목에 걸어줄 수는 있지만 언젠가는 네가 찾아가야 돼." 그래도 그는 멈추지 않았고, 내가 자기에게 얼마나 가치 있는 사람이며 심리치료사로서 나를 만나게 된 게 얼마나 큰 행운인지 매번 강조했다. 나는 그에게 이렇게 말해주었다. "지금 네가 하는 얘기는 너 자신의 내면의 황금을 말하는 것이야."

그는 지적이며 활기 넘치는 청년이었고, 나름대로 뛰어난 재능을 갖고 있었으며, 자신이 짊어지기엔 지나치게 무거운 황금을 갖고 있었다. 그래서 우리는 무슨 일이 일어나고 있는지, 그리고 교환조건에 관해 토론하였고, 그는 이에 대해 충분히 이해했다. 우리는 그렇게 5년을 함께 보냈다. 어느 날 그가 이렇게 말했다. "내 황금을 돌려받고 싶어요." 나는 그가 안정을 찾지 못하고 있음을 눈치채고 있었고, 그래서 기꺼이 그의 제안에 동의했다. "그래, 모든 것은 항상 변하고 있으니까. 이제 황금을 네게 돌려주는 의식을 치르도록 하자"고 말했다.

나는 콩알만한 크기의 황금을 불러냈고, 며칠 후 우리는 의식을 치렀다. 그는 황금 알갱이를 손에 쥐고 흔들다가 갑자기 자신이 무슨 일을 하고 있는지 깨달았다. 그는 황금 알갱이를 내 손에 쥐어주면서 불안한 목소리로 말했다. "돌려주고 싶지 않으시죠?"

나는 이렇게 대답했다. "음, 그런 것 같아." 나는 그 황금을 잠시 손에 쥐고 있다가 바지 주머니에 넣었다. 그리고 잠시 기다렸다 다시 황금을 만들어냈다. 그리고 나는 격식을 갖추어 그것을 그의 손에 쥐어주었고, 그는 안도하는 표정이었다. 나는 그에게 말했다. "이건 너의 황금이야. 그러니까 있을 곳은 네 주머니밖에 없어. 요 몇 년 동안 네 황금을 내게 맡겨주어서 고마웠어. 그렇지만 그건 네 것이고, 이제는 네게 돌려주어야 해." 그것은 성숙해 가는 의미 깊은 순간이었다. 나는 적당한 때에 황금을 돌려줄 준비를 해왔다. 자신의 인생에서 무엇이 일어나고 있는지, 바람직한 결과가 무엇인지를 분명히 아는 것은 큰 도움이 된다.

실제로는 이처럼 순조롭게 진행되지 않았다. 다음날 그는 황금을 다시 내게 맡겼다. 그는 황금을 감당할 수 없어 내가 다시 맡아주기를 원했다. 황금의 교환은 전적으로 자발적으로 일어나지 않는다. 때로 그것은 주고받기를 몇 차례 거듭한다. 우리는 황금을 몇 차례나 주고받기를 거듭했고, 마침내 그의 결심이 확고해졌다. 이후로 그는 황금을 돌려달라는 얘기를 하지 않았다.

순도를 떨어뜨리지 말라

무릇 심리적인 고통은 섞임에서 비롯된다. 당신 내면에 있는 것들은 모두가 그 자체로 좋은 것이다. 그러나 한 가지가 다른 한 가지에 의해 오염되면 양쪽 모두가 망가질 수 있다. 당신이 몰입했을 때, 황금을 교환할 때는 조용히 앉아서 연막이 걷힐 때까지 기다렸다가 당신이 어디에 와 있는지 둘러보라. 이 과정을 당신의 황금을 지고 있는 그 사람과 얘기할 수 있다면, 당신이 동원할 수 있는 모든 품격과 지성을 사용하여 말해 줄 수 있다면 당신에게 무슨 일이 일어나고 있는지 확인할 수 있을 것이다.

황금을 교환할 때 양쪽이 곤란해지지 않기 위해서 지켜야 할 규칙이 두 가지 있다. 첫째, 누군가에게 당신의 황금을 맡길 때는 그 사람에게 무엇을 요구해서는 안 된다. 의미와 중요성을 그 사람에게 투사하는 것만으로 족하다. 당신은 그 사람을 숨 막히게 하고 싶지는 않을 테니까. 둘째, 순도를 떨어뜨리지 말라. 연금鍊金된 황금은 그 자체로 하나의 순수한 원소이므로 다른 것과 섞여서는 안 된다. 우정, 동지애, 섹스, 오락, 일—이 모든 관계는 좋은 것이지만 연금된 황금을 이런 것들을 통해 표출하면 잡동사니가 될 수 있다. 당신의 황금을 짊어진 누군가와 결혼에 이를 수도 있다. 그것은 온당한 일이다. 그러나 그것을 우리 주변에서 흔히 볼 수 있는 여러 형태의 관계와 섞지 말라. "마음이 순결한 자는 복이 있나니." 순결함이란 섞이지 않았음을 의미한다. 이 말은 어느 정도 진실일까? 동정녀 잉태는 어디까지 진실일까?

무릇 심리적인 고통은 섞임에서 비롯된다. 당신 내면에 있는 것들은 모두가 그 자체로 좋은 것이다. 그러나 한 가지가 다른 한 가지에 의해 오염되면 양쪽 모두가 망가질 수 있다. 심리치료사로서 내가 가장 많은 시간을 쏟았던 일은 환자가 자신의 문제를 할 수 있는 한 단순하게 표현하도록 하는 것이었다. 문제가 분명하게 드러나면 무엇을 해야 할지도 분명해지는 법이다.

당신이 몰입했을 때, 황금을 교환할 때는 조용히 앉아서 연막이 걷힐 때까지 기다렸다가 당신이 어디에 와 있는지 둘러보라. 이 과정을 당신의 황금을 지고 있는 그 사람과 얘기할 수 있다면, 당신이 동원할 수 있는 모든 품격과 지성을 사용하여 말해줄 수 있다면 당신에게 무슨 일이 일어나고 있는지 확인할 수 있을 것이다. 위험스러운 일이기는 하지만 시도해 볼 만한 가치는 있다.

사랑과 결혼

진정한 결혼은 인간적인 사랑의 바탕 위에서만 가능하다. 그런 사랑은 낭만적인 사랑 혹은 사랑에 빠지는 것과는 다른 것이다. 낭만주의는 서양 문화의 특징이며, 비교적 늦은 시기라 할 12세기 이후로 등장한 사건이다. 낭만적인 사랑은 결혼의 기초가 아니다. 인간으로서의 삶, 우리의 결혼은 인간 대 인간으로서 사랑할 수 있는 능력 때문에 유지된다. 사랑에 빠지면 우리는 우리의 황금—우리의 기대—을 상대에게 맡기는데, 그렇게 되면 그 여자는 지워져 버린다. 관계맺음이 존재하지 않는 것이다.

상대에게 당신의 황금을 맡길 때 상대도 당신에게 맡기고 싶은 황금을 갖고 있는 경우가 종종 있다. 황금의 교환이 양방향일 때는 복잡해진다. 관계가 섞이면—이 경우에는 그러지 않을 수가 없다—황금의 교환은 결혼을 의미한다. 결혼은 좋은 것이며 황금도 좋은 것이다. 두 가지가 순조롭게 함께 갈 수도 있지만 둘이 동의어는 아니다. 두 가지를 섞으면 문제가 생길 수 있다. 우리는 이렇게 생각한다. 나는 사랑에 빠졌어, 그 여자를 침대로 데려가야지. 그리고 당신은 실제로 그렇게 할지도 모른다. 그렇지만 사랑에 빠진다는 건 그런 게 아니다.

우리 문화에서 상호 투사는 결혼의 전제조건으로 인식되고 있다. 우리는 사랑에 빠진 상대와 결혼하는 것은 당연한 일로 생각한다. 그러나 사랑에 빠졌다고 해서 성공적인 결혼이 보장되는 것은 아니다. 사랑에 빠졌을 때는 격정을 주체할 수 없다. 당신은 당신의 황금, 당신의 내면 가장 깊숙한 가치를 상대에게 투사하였다. 당신은 그것을 돌려받을 준비가 될 때까지 당분간 품고 있어달라고 그 여자에게 주었다. 그런 감정이 양쪽에서 모두 생겼기 때문에 그 여자는 자기의 황금을 당신에게 준 것이다.

이런 관계가 순조롭게 유지되자면 언젠가는 두 사람 모두가 각자의 황금을 돌려받아야 한다. 불행한 일이긴 하지만 황금을 돌려받는 일은 언제나 환멸과 함께 한다. "당신은 내가 생각했던 기사가 아니야." "아침에 일어났을 때 당신은 공주가 아니었어." 이제는 실망 때문에 황금이 와르르 소리 내며 부서져 내린다. 황금을 누군가의 무릎 위에 올려놓는다는 것은 일정 기간 동안만—우리가 스스로 강해질 때까지—가능할 따름이며, 그 때가 오면 돌려받아야 한다는 점을 결코 잊어서는 안 된다. 그러나 우리는 그 정도로 지혜롭지 못하다. 이것이 우리 문화의 가장 고통스런 문제이다. 이 점을 이해하지 못하기 때문에 관계가 작동하지 않게 되는 5년 후가 되면 투사를 거두어들이고 다른 사람과 관계—파트너로서건 배우자로서건—를 맺을 수밖에 없다.

진정한 결혼은 인간적인 사랑의 바탕 위에서만 가능하다. 그런 사랑은 낭만적인 사랑 혹은 사랑에 빠지는 것과는 다른 것이다. 낭만주의는 서양 문화의 특징이며, 비교적 늦은 시기라 할 12세기 이후로 등장한 사건이다. 낭만적인 사랑은 결혼의 기초가 아니다. 우리의 인간으로서의 삶과 결혼은 인간 대 인간으로서 사랑할 수 있는 능력 때문에 유지된다. 사랑에 빠지면 우리는 우리의 황금—우리의 기대—을 상대에게 맡기는데, 그렇게 되면 그 여자는 지워져 버린다. 관계맺음이 존재하지 않는 것이다.

사랑한다는 것은 인간의 재능이다. 우리는 친밀한 관계를 중시하고 즐긴다. 그러나 낭만적인 사랑은 상대를 신성시하는 천상의 사랑이다. 이런 사랑에서는 스스로는 인식하지 못하지만 상대가 신의 화신이 되어줄 것을 요구한다. 이 때 사랑에 빠진다는 것은 깊은 종교적 체험이며, 많은 사람들이 신이 자신을 붙들어 줄 유일한 종교적 체험이라고 생각한다.

황금은 신에 가깝다

우리가 각자의 황금을 가지고 다니기를 주저하는 하나의 이유는 그것이 신에 너무나 가깝기 때문이다. 우리의 황금은 신과 유사한 성격을 갖고 있어서 그 무게를 감당하기가 쉽지 않다. … 대부모가 된 사람은 당신을 위해 신과 같은 역할을 해준다. 오늘날 대부모는 친부모가 능력이 없을 때 물질적으로 보살펴 주는 사람으로 인식되고 있다. 그러나 원래의 의미는 당신 삶의 섬세한 부분을 맡아주는 사람, 당신의 내면세계에서 신과 같은 방식으로 부모 역할을 해주는 사람이다.

우리가 각자의 황금을 가지고 다니기를 주저하는 하나의 이유는 그것이 신에 너무나 가깝기 때문이다. 우리의 황금은 신과 유사한 성격을 갖고 있어서 그 무게를 감당하기가 쉽지 않다.

인도 문화의 오래된 관습에 따르면 자신이 원하는 사람에게—상대가 남자건 여자건 또는 이방인이건—신의 화신이 되어달라고 요구할 수 있다. 이런 요청을 할 때는 지켜야 할 엄격한 규칙이 있다. 상대가 당신을 위해 신의 화신이 되어주겠다고 동의하면 절대로 그 또는 그 여자를 번거롭게 해서는 안 된다. 그런 요청을 받아들이는 것만으로도 힘든 일이므로 그 이상을 상대에게 짐지워서는 안 된다. 그리고 상대와 다른 어떤 관계도 맺어서는 안 된다. 그의 친구가 되어서도 안 되고 그와 결혼해서도 안 된다. 상대는 일종의 당신의 수호성인이 된다.

크리슈나무르티는 대단한 사람이었다. 많은 사람들이 그에게 금을 맡겼다. 그와 나는 어느 날 오후 캘리포니아 오하이 마을을 산책하고 있었는데, 우리 둘이 지나가던 길가에 작은 체구의 나이 많은 여인이 무릎을 꿇고 앉아 있었다. 우리는 그냥 지나쳤다. 얼마 후 그가 내게 말했다. "저 여인은 내게서 신의 모습을 찾고 있어. 그리고 자신이 무얼 하는지도 알고 있어. 저 여인은 내게 말도 하지 않고 아무것도 요구하지 않지만 내가 어디로 갈지 알고 있고 언제나 그곳에 나타나지." 무엇보다 감동적인 것은 그의 태도였다. 그는 그 여인이 원하는 대로 기꺼이 해주려 하였다.

이것이 대부代父와 대모代母의 원래 의미이다. 대부모가 된 사람은 당신을 위해 신과 같은 역할을 해준다. 오늘날 대부모는 친부모가 능력이 없을 때 물질적으로 보살펴 주는 사람으로 인식되고 있다. 그러나 원래의 의미는 당신 삶의 섬세한 부분을 맡아주는 사람, 당신의 내면세계에서 신과 같은 방식으로 부모 역할을 해주는 사람이다. 이것은 훌륭한 관습이다. 대부분의 부모는 자식의 신체적 성숙을 지켜주는 일만으로도 힘들어 한다. "이번 주 동안 내 용돈은 얼마야?" 하는 따위의 권위문제로 고심하지 않는 누군가가 있어야 한다. 대부모의 역할은 원래 아이의 황금을 조용히 정리

해 주는 것이다.

토르를 만나고 나서 2년 후인 열여섯 살 때에 나는 그런 역할을 해줄 누군가가 절실히 필요했다. 그래서 나는 대부와 대모를 찾아냈고, 이 두 분이 나의 목숨을 구했다. 두 분은 대부모의 의무가 무엇인지를 본능적으로 알고 있었고, 그것을 완수했다. 대모는 내가 스물두 살 때에 돌아가셨는데, 그 때 나는 아직 그분을 보내드릴 준비가 되어 있지 않았다. 그분의 죽음은 내 생애에 있어서 가장 힘든 상실이었다. 대부는 내가 50대에 접어들 때까지 살아계셨고, 그 때쯤 나는 그분을 보내드릴 준비가 되어 있었다.

나는 대부모라는 관습이 너무나 좋다. 때로 나이 어린 사람들이 내 주변을 맴돌면 나는 이 얘기를 해준다. “대부를 찾고 있니?” 그리고 나는 지켜야 할 규칙을 말해준다. “내 허락을 받지 않고도 내게서 가져가도 돼.” 이것이 나이 든 대부모의 법칙이다. 인도 문화에서 신의 화신이 되어주는 것과 같은 관습이다.

때로 황금은 어두운 빛이다

황금은 다양한 모습으로 나타난다. 때로 우리의 황금은 밝고 가볍지만 어떤 때는 무겁고 어두워 도저히 황금 같지가 않다. 친구도 없고 전화도 없으니 어찌할 방도가 없었다. 그 때 크리슈나무르티에게서 목격한 관습이 떠올랐다. 나를 위해 신의 화신이 되어줄 어떤 사람, 무거운 짐을 나누어질 누군가를 찾아야겠다고 생각했다.

나는 인도를 사랑하지만 그곳에 가자면 모험을 하듯 마음의 준비를 해야 하고 때로는 두려움도 이겨내야 한다. 한번은 인도에 갔을 때 나는 정말로 어둠 속에 떨어졌다.

나는 인도 친구와 같이 캘커타에 갔다. 그 친구는 캘커타 근처의 정치적으로 민감한 지역에 사는 부친을 만나고 싶어했고, 그곳은 외국인은 들어갈 수 없는 지역이었다. 그래서 나는 친구에게 이렇게 말했다. “내게 신경 쓰지 말고 다녀오게. 아버님을 만나는 동안 나 혼자 캘커타에 머물고 있을 테니.” 친구는 나를 위해 호텔을 찾아나섰지만 좋은 호텔이 없었다. 결국 나는 캘커타의 어두운 지역에 있는 허름한 호텔에 묵게 되었다. 친구는 부친을 만나고 싶은 생각에 들떠 있었고, 나는 호텔에 들어가자마자 빨리 가보라고 친구의 등을 떠밀었다.

거리로 나서자 한 여인이 죽은 아기를 내 팔에 억지

로 안기고 다리가 잘린 아이들이 의족으로 내 가슴을 찔러 대면서 돈을 달라고 애원했다. 발걸음이 닫는 곳마다 문둥병환자와 시체와 마주쳤다. 정말 견디기 어려웠지만 어떻게 해볼 도리가 없었다. 정상적인 상황이라면 호텔방으로 돌아와 문을 걸어 잠그면 될 것이고, 또한 내성적인 성격인 나로서는 방안에 혼자 있는 게 어려울 것도 없는 일이었다. 그런데 내가 묵는 방의 벽은 종잇장처럼 얇았다. 옆방에서는 실제로 누군가가 죽어가고 있었고, 다른 옆방에서는 싸우는 소리와 신음소리가 들렸다. 그리고 창문 쪽에 면한 광장에서는 밤새도록 정치집회가 열리고 있었다. 나는 견딜 수가 없었다. 나의 내면에는 감당할 수 없는 무게가 쌓이기 시작했고, 나는 서서히, 조각조각 부서져 내리기 시작했다.

황금은 다양한 모습으로 나타난다. 때로 우리의 황금은 밝고 가볍지만 어떤 때는 무겁고 어두워 도저히 황금 같지가 않다. 친구도 없고 전화도 없으니 어찌할 방도가 없었다. 그 때 크리슈나무르티에게서 목격한 관습이 떠올랐다. 나를 위해 신의 화신이 되어줄 어떤 사람, 무거운 짐을 나누어질 누군가를 찾아야겠다고 생각했다.

나는 근처 공원으로 가서 후보자를 찾았다. 20분 가량 가만히 서서 여러 사람을 지켜본 뒤 인도 전통 의상을 한

중년의 남자를 골랐다. 나는 그에게 특별한 존경심을 느꼈다. 그의 걸음걸이는 아주 기품 있었다. 나는 가까이에서 계속 그를 지켜보았다.

마침내 나는 휘청거리며 그에게 다가가 떨리는 목소리로 말했다. "선생님, 영어 하실 줄 아십니까?"

"예."

"나를 위해 신의 화신이 되어주시겠습니까?" 이것이 내가 그에게 던진 두 번째 말이었다.

신이여 그를 축복하소서! 그가 대답했다. "그러지요."

나는 그에게 내가 누구이며 얼마나 놀라고 마음이 무거운지를, 그리고 이런 것들을 감당할 수 없다고 말했다. 나는 내 참담한 심정을 쏟아냈고, 그는 그저 묵묵히 듣기만 했다. 마지막에 나는 무릎을 꿇고 내 마음의 모든 부담을 그에게 쏟아부어 미안하다고 사과했다. 마음이 한결 가벼워진 나는 그제서야 제대로 걸을 수 있었다.

감사의 인사를 하면서 그에게 물었다. "그런데 누구시지요?"

그는 이름을 말해주었다.

내가 다시 물었다. "그런데 당신은 어떤 분이시죠?"

그가 답했다. "가톨릭 신부입니다."

인도에는 가톨릭 신부가 매우 드문데 나는 나를 위한 신의 화신으로 신부를 고른 것이다. 그는 귀 기울여 들어주었고 이해해 주었다. 그리고 우리는 작별인사를 나누고 각자의 길을 갔다. 그는 나를 위해 신의 화신이 되어주었기 때문에 우리 두 사람 모두 이전과 같지 않게 되었다. 그는 내가 원하던 바를 품위와 긍지를 가지고 이루어 주었고, 지금까지도 그 기억은 내 삶과 함께 하고 있다.

나눔을 자각하라

누군가를 떠나보내기가 힘든 까닭은—자식이 집을 떠나건 가까운 이들이 세상을 떠나건—떠나는 그들에게 우리의 황금을 건네주었기 때문이다. 영적인 속성이 있는 곳이면 어디나 우리의 황금이 있다. 우리는 우리의 황금을 보관하고 있는 사람들 곁을 맴돌며 그들이 떠나지 않기를 바란다. 만약 당신이 어떤 여자에게 의지하여 그 여자 없이는—또는 저 세상으로 떠나보내고는—아무것도 할 수 없다면 그것은 당신의 황금을 그 여자에게 맡겼다는 것을 의미한다. 떠나보냄을 아쉬워함은 당연한 일이다. 그러나—어려운 일이기는 하지만—당신의 투사 대상을 바꾸고 그 여자를 떠나보내야 한다.

매일매일 얼마나 많은 황금의 이전이 일어나고 있는지 지켜보면서 나는 경이를 느낀다. 그것은 어디에서나 이루어지고 있다. 예컨대 강연을 할 때면 나는 누군가를 특별히 지목하여 그에게 말함으로써 황금을 그의 무릎 위에 올려놓는다. 이것은 나 자신을 고양시키는 방법이기도 하다. 나는 늘 자신을 얼치기 강연자가 아닌가 생각해 왔었다. 그런데 어느 날 융 박사의 수제자인 마리 루이스 폰 프란츠 Marie Louise von Franz가 나와 함께 강연하러 가면서 내게 자랑스럽게 말했다. "강연을 잘할 수 있는 유일한 방법은 마음에 드는 누군가를 찾아내 그 사람에게 대화하듯 말하는 것이에요." 나는 그녀의 말에서 큰 위안을 찾았다. 이따금씩 나는 그녀의 방식을 따라 강연하지만 대부분의 경우에는 그렇게 하지 않는다.

일반적으로 우리는 황금을 교환하는 일에 서툴고, 우

리의 우울함과 외로움은 이 교환을 제대로 이해하지 못하므로 우리 삶에서 늘상 되풀이된다. 우리는 죄책감에서 벗어나지 못한다. 나는 실패작이야. 이 방법으로는 안 되잖아. 나를 어떻게 생각할까? 그러나 황금을 전달하는 일을 이해하게 되면 그 일을 귀하게 여기고 죄책감은 느끼지 않게 된다. 그 때 당신은 무언가 간접적인 변화가 일어남을 알 수 있다. 그것은 느낄 수는 있지만 분명하게 파악할 수는 없다. 어떤 경로를 통해서건 누군가가 당신의 황금을 받아들인다는 사실을 명심하기만 하면 된다. 이것을 알면 우리 모두에게 절대적으로 필요한 어떤 긍지를 가질 수 있을 것이다.

누군가를 떠나보내기가 힘든 까닭은—자식이 집을 떠나건 가까운 이들이 세상을 떠나건—떠나는 그들에게 우리의 황금을 건네주었기 때문이다. 영적인 속성이 있는 곳이면 어디나 우리의 황금이 있다. 우리는 우리의 황금을 보관하고 있는 사람들 곁을 맴돌며 그들이 떠나지 않기를 바란다. 만약 당신이 어떤 여자에게 의지하여 그 여자 없이는—또는 저 세상으로 떠나보내고는—아무것도 할 수 없다면 그것은 당신의 황금을 그 여자에게 맡겼다는 것을 의미한다. 떠나보냄을 아쉬워하는 것은 당연한 일이다. 그러나—어려운 일이기는 하지만—당신의 투사 대상을 바꾸고 그 여자를 떠나보내야 한다.

교회에 맡김

예전에는 사람들이 영적인 황금을 교회에 맡겼다. 그러나 오늘날 그런 일은 갈수록 줄어들고 있다. 이것은 불행한 일이다. 교회는 당신의 황금을 맡겨두기에 이상적인 곳이다. … 어느 날 오후 아무도 없는 틈을 타서 나는 교회로 들어가 동정녀 마리아 상 앞에 무릎을 꿇고 나의 황금을 쏟아냈다. 황금을 쏟아내는 일은 순조롭게 이루어졌고, 나는 큰 기쁨을 맛보았다. … 우리는 오늘 우리의 영적인 황금을 맡길 장소를 찾아야 한다.

예전에는 사람들이 영적인 황금을 교회에 맡겼다. 그러나 오늘날 그런 일은 갈수록 줄어들고 있다. 이것은 불행한 일이다. 교회는 당신의 황금을 맡겨두기에 이상적인 곳이다. 그러나 나는 이런 방식을 시도하기 쉽지 않다는 것을 안다. 나도 시도해 본 적이 있으니까.

30여 년 전, 다음날이면 자취를 감추는 사람들에게 나의 황금을 맡기는 일에 나는 지쳐갔다. 나는 늘 가톨릭교회에 끌렸다. 가톨릭신자로 성장한 것도 아니고 교회에 가 본 적도 없었지만 나는 교회에 대해 호의적인 정서를 갖고 있었다. 그래서 나는 로스엔젤레스의 아름다운 가톨릭교회를 선택했다. 그곳은 스페인풍의 바로크 양식을 그대로 본떠 지은 건물로서 뛰어난 조각작품들이 많았다. 어느 날 오후 아무도 없는 틈을 타서 나는 교회로 들어가 동정녀 마리아 상 앞에 무릎을 꿇고 나의 황금을 쏟아냈다. 황금을 쏟아내는 일은 순조롭게 이루어졌고, 나는 큰 기쁨을 맛보았다. 그런데 나는 마리아 상의 머리 위 후광이 네온관으로 밝힌 것임을 알게 되었다. 무엇 때문인지는 모르겠으나 그 네온관을 보자 무너져 내리는 느낌이었고, 이후로 나는 그 교회에 다시는 가지 않았다. 우리는 시도를 멈추지 말아야 한다. 우리는 오늘 우리의 영적인 황금을 맡길 장소를 찾아야 한다.

갇힌 상자에서 나온 신

신이 상자 밖으로 나온 지금 그가 머물 장소는 어디일까? 모든 정신적 힘은 성역과 금지된 경계, 그리고 그것을 담을 용기(容器)가 필요하다. 지금까지는 그 용기가 권위였다. … 우리는 신을 객관적이고 집합적인 거처로부터 끌어내 우리의 심리학 속으로 흡수하였다. 이제는 우리의 의식이 해법을 찾아내야 한다. 그러나 지금까지 그 해법을 찾는 데 성공하지 못했다.

지금 하려는 얘기는 우스갯소리처럼 들릴지 모르지만 진심이다. 신은 갇힌 상자에서 나왔다. 예전에 신은 가톨릭교회당의 제단 위 감실龕室 속에서 살았고, 감실 문을 여는 열쇠는 신부가 갖고 있었다. 신은 안에 갇혀 있었고 밖에 있는 우리는 들어갈 수가 없었다. 그래서 안전했다. 그러나 이제 상자는 부서졌고 신은 풀려났다. 이런 상황에서 어떻게 해야 할지 아무도 모르고 있다.

100년 후의 역사가 지금부터 우리가 하려는 일들을 어떻게 기록해 놓을지 상상해 보는 것은 흥미 있는 일이다. 놀라운 가능성이 있지만 성공하지 못하면 무시무시한 결과가 나올 것이다. 신은 고압전류이다. 그래서 내가 캘커타에서 경험한 것처럼 감당할 수 없는 고통을 갖게 됐을 때 지체없이 도움을 청해야 한다. 우리는 신을 다시 가두어둘 수는 없으며, 신을 감실 속으로 돌려보내는 일은 불가능하다.

예전에는 제일祭日이면 다섯 시에 가톨릭 신부가 성체강복식聖體降福式을 거행했다. 신부는 양쪽에 거울이 붙어 있고 손잡이가 달린 만다라 모양의 성체현시대聖體顯示臺를 들고 나온다. 성체는 두 장의 거울 사이에 안치되며, 신부는 성체현시대를 들 때 손이 직접 닿지 않도록 영대領帶로 손잡이를 감싸서 잡는다. 그런 다음에 신부는 성체현시대를 돌려 신자들에게 신을 보여준다.

이제 그런 시대는 지나갔다. 신은 감실 속에 있지도 않고 성체현시대 속에 있지도 않다. 신은 밖으로 나와 모든 곳을 비추고 있다. 내면의 연금술로 만들어진 황금이 분출되고 있는 것이 그 중요한 표징의 하나이다. 내면의 황금은 당신의 최상일 수도 있고 최악일 수도 있다.

인도에서는 신은 아직 상자 속에 갇혀 있다. 이런 면에서 인도는 아름답고 평화로운 곳이다. 모두가 무엇을 해야 할지 정확하게 알고 있다. 모든 일에는 법칙이 있고, 승려는 아직도 상자를 여는 열쇠를 쥐고 있다. 무언가를 알고 싶다면 고대의 신화에서 찾든지 구루나 아버지에게 물어보면 된다. 신은 모든 것을 통찰하고 있으며, 따라서 그에게서 답을 구할 수 있다. 이전 가톨릭 세계에서도 그랬다. 옳은 방식이 정해져 있었고, 신부가 옳은 방식이 무엇인지 가르쳐 주었다.

우리는 그런 시절로 돌아갈 수 없으며, 그런 식으로 권위를 존중하지 않는다. 우리는 신을 다시 상자 속에 모실 수도 없고, 그렇다고 해서 신이 상자 밖에 나와 있는 상태에서 우리가 생존할 수 있을지도 분명하지 않다. 갑자기 몇만 볼트로 높아진 전압이 흘러들어와 집안의 전기 회로가 불타 버리는 것과 같은 상황이다. 요컨대 절망적인 상황이다. 우리는 자신만의 방식과 자신만의 차별화된 대응책을 찾아내야 하는데 그럴 준비가 되어 있지 않다. 예수가 우리에게 "이제부터 나는 너희를 종이라 부르지 않고 친구라 부르겠다"고 말하는데 우리는 감당할 수가 없는 것이다. 이 말을 들을 때 우리는 잠시 기쁠지 모르나 이내 무거운 바위에 짓눌린 느낌이 된다. 이 무거움은 이전에도 지금에도 우리 자신의 것이기는 하지만 우리는 그것을 짊어질 수가 없다.

신이 상자 밖으로 나온 지금 그가 머물 장소는 어디일까? 모든 정신적 힘은 성역과 금지된 경계, 그리고 그것을 담을 용기容器가 필요하다. 지금까지는 그 용기가 권위였다. 그러나 오늘날 우리는 권위를 분해해 버렸다. 우리 자신이 만들어낸 비난의 밀물과 피를 요구하는 외침이 우리 자신의 황금을 부정하고 있다. 그러나 우리는 다른 사람을 손가락

질하며 그들 때문이라고 말한다.

이제 신비한 힘이 머물 장소는 우리 자신의 의식 말고는 없는 것 같다. 우리는 신을 객관적이고 집합적인 거처로부터 끌어내 우리의 심리학 속으로 흡수하였다. 이제는 우리의 의식이 해법을 찾아내야 한다. 그러나 지금까지 우리는 해법을 찾는 데 성공하지 못했다.

내면에 쌓으라

정신적인 것을 내면에 담아둔다는 것은 위대한 예술이다. 나는 점점 더 익숙해질 것이고, 내 마음은 더 이상 상처받지 않을 것이다. 그래도 여전히 나를 움츠러들게 하는 것들은 있다. 그것은 나의 내면에 아직도 내가 다스리지 못한 무엇이 있다는 의미이다. 우리가 경험할 수 있는 가장 큰 깨달음은 모든 감동은 정신적인 것이며, 따라서 내면적인 방식으로 받아들이고 다스려야 한다는 것이다.

모든 감동은 내면에 쌓인다. 우리가 경험하는 어떤 정서적 자극이든 우리의 내면에 쌓인다. 누군가가 나를 비난하거나, 나에게서 온갖 흠을 찾아내 헛소문을 퍼뜨리고 비방한다면 나는 움츠러들 것이다. 이 또한 내면에 쌓인다. 마음에 상처를 받으면 내면에 쌓인다.

내 머리카락이 푸른색이라고 나를 헐뜯는다면 나는 마음에 두지 않는다. 그건 사실이 아니야, 이렇게 말할 수 있으니까. 그러나 당신이 어제 내가 교양 없는 행동을 했다고 퍼뜨리고 다닌다면 반박하지 않을 수 없다. 그 말이 내게 상처를 준다면 내 내면에서는 전쟁이 일어나는 것과 같다. 당신은 자신을 드러내 보이려고 한 말이겠지만 그것이 내게는 상처가 된다. 우리의 내면에서 불탈 수 있는 것은 불타야 한다. 불을 견디고 남는 것만이 간직할 가치가 있다. 당신이 내 마음에 상처를 줄 수 있다면 상처를 입는 것이 낫다. 왜냐하면 그것은 내 내면의 잘못이니까.

정신적인 것을 내면에 담아둔다는 것은 위대한 예술이다. 나는 점점 더 익숙해질 것이고, 내 마음은 더 이상 상처받지 않을 것이다. 그래도 여전히 나를 움츠러들게 하는 것들은 있다. 그것은 나의 내면에 아직도 내가 다스리지 못한 무엇이 있다는 의미이다. 우리가 경험할 수 있는 가장 큰 깨달음은 모든 감동은 정신적인 것이며, 따라서 내면적인 방식으로 받아들이고 다스려야 한다는 것이다.

다른 사람이 당신의 황금을 갖고 있다면, 또는 그들이 당신의 황금을 가져갔다고 생각만 해도 당신은 분노할 것이다. 깊은 내면에서 무슨 일이 일어나고 있는지 안다면 그런 고통을 덜 수 있을 것이다. 누군가에게 의존하거나 시샘해서는 안 된다. 외로워서도 안 된다. 내 말은 이런 것들이 하루 사이에 당신의 상처를 치유시켜 줄 수는 없지만 치유의 시작은 될 수 있다는 것이다. 폰 프란츠 박사의 한 마디에 나는 감탄한 적이 있다. 박사는 이렇게 말했다. “수줍음이 바로 거만함이지요.” 나는 세상에서 가장 수줍은 사람이다. 나는 이 한 마디에 꼼짝할 수가 없었다.

투사 철회하기

우리는 무슨 일이 일어나고 있는지 거의 인식하지 못한다. 사방으로 튀어다니는 우리의 황금을 통제할 수 없는 것이다. 우리의 가장 값진 소유인 내면의 연금술로 만들어낸 황금은 거리 이곳저곳으로 굴러다니고 있다. 우리가 다른 사람이나 외부세계에서 감지하는 것들은 사실은 대부분 우리 자신의 부분들임을 우리는 잘 모르고 있다.

우리가 누군가에게 집착하거나 무의식적으로 그 사람 또는 그 여자에게 조르거나 적절하지 못한 요구를 하게 되면 불가능한 것은 아니지만 상대를 놓아주기 어렵다. 이 점에 있어서 폰 프란츠 박사는 내게 도움이 되는 얘기를 해주었다. "당신의 투사가 휘파람 한번만 불면 언제든지 집으로 불러들일 수 있는 애완견인 것처럼 생각하지 마십시오." 다음번에 누군가에게 당신의 황금을 맡길 때에는 상대가 그것을 어떻게 다루고 있는지 알려고 노력하라. 그리고 누군가에게 당신의 황금을 맡길 때에는 당신의 황금과 접촉을 유지하라. 만약 당신이 그 여자에게 영적이며 어둠 속에서도 빛을 발하는 그것을 맡길 때에는 그 행위로 인해 당신에게 있어서 상대의 한 인간으로서의 의미가 흐려진다는 점을 명심하라.

단계별로 이름을 붙이는 것이 도움이 된다. 그것이 인

식의 시작이다. 내가 그 여자를 바라볼 때 그토록 강력한 느낌이 오는 까닭이 무엇일까? 나는 정말로 그 여자를 보는 것일까? 내가 그 여자를 사랑하는 것일까? 나는 그 여자와 사랑에 빠진 것일까? 내가 그 여자를 정신적인 밀폐용기 속에 가둠으로써 그 여자를 사라지게 만드는 것은 아닐까?

우리는 무슨 일이 일어나고 있는지 거의 인식하지 못한다. 사방으로 튀어다니는 우리의 황금을 통제할 수 없는 것이다. 우리의 가장 값진 소유인 내면의 연금술로 만들어낸 황금은 거리 이곳저곳으로 굴러다니고 있다. 우리가 다른 사람이나 외부세계에서 감지하는 것들은 사실은 대부분 우리 자신의 부분들임을 우리는 잘 모르고 있다.

당신이 쌓아놓은 에너지를 잘 지켜라. 내면의 황금을 교환하는 일은 항상 일어난다. 그것을 항상 인식하라. 황금을 전통적인 방법으로 가두어둘 수는 없다. 우리의 자각을 더 높일 새로운 언어와 방식을 찾아내야 한다.

CHAPTER 2
외로움

외로움의 신화

외로움에는 세 종류가 있다. 과거를 그리워하는 데서 오는 외로움, 아직 이루지 못한 것에 대한 욕구로부터 오는 외로움, 신에게 가까이 감에서 비롯되는 심오한 외로움. 세 번째 외로움은 사실상 그 자체가 해결책이다. 좋은 신화에서 외로움의 고통으로부터 빠져나올 단서를 발견할 수 있다. 좋은 신화는 고통을 묘사하면서도 한편으로는 해결책도 보여준다.

나는 내 생의 전반에 외로움 때문에 많은 고통을 겪었다. 이것이 현대의 질병이란 사실을 깨닫는 데는 많은 시간이 흘러야 했다. 전통적인 생활방식이 유지되는 곳에서는 외로움이 전혀 없거나 거의 없는 것 같다. 인도에 갔을 때 한 친구가 내게 말했다. “로버트, 나는 평생 외로움을 느껴본 적이 없네. 나는 그게 뭔지 모르네.” 한 번도 외로워 본 적이 없는 사람이 있을까. 전통사회의 사람들은 공동체, 가족, 결혼과 삶을 구체적으로 규정하는 종교에 둘러싸여 있다. 그들이 외로움이라는 상처를 입지 않을 수 있는 이유는 이런 것들 때문이다. 그들은 물질적으로는 가난할지라도 정서적으로는 기댈 곳이 훨씬 많다. 반면에 현대화된 인도인들은 우리 서구인들과 같은 정신적 어려움을 경험한다.

우리가 누군가에게 우리를 위해 황금을 짊어져 달라고 부탁하지 않을 때라야 상대를 한 인간으로서 바라볼 수 있게 된다. 상대를 한 인간으로서 바라보아야 우리는 외롭지 않을 수 있다. 다른 사람이 우리의 외로움을 덜어줄 수는 없다. 외로움은 내면의 문제이다. 사랑에 빠진다 하더라도 상대와는 관련이 없다. 사랑이란 자기 도취이다. 다른 사람에게 우리의 황금을 투사하는 데서 끝나지 않고 그들과 실제적인 관계를 맺을 때 사랑이 가능하다.

흔히 집단 무의식이 신화를 만들어내고, 우리는 신화를 통해 한 문화 내부에서 어떤 일이 일어나고 있는지 또는 일어날 것인지를 해석할 수 있다. 외로움과 관련하여 두 가지 신화를 소개하고자 한다. 첫 번째는 **방랑하는 화란인**이다. 이 신화는 여러 가지 변형이 있지만 대체적인 줄거리는 다음과 같다. 한 청년이 에덴 동산에서 추방당한 아담과 이브처럼 해서는 안 될 잘못을 저지른다. 이 청년은 “방랑하는 화란인”이라는 배의 선장이다. 그 벌로서 선장과 배는 폭풍우 속을 떠돌아야 하고, 누군가 선장을 사랑하는 여인이 나타나야 구원받을 수 있다. 선장은 누구에게든 사랑해 달라고 요구할 수가 없다. 기다리기만 해야 하는 것이다. 이것이 바로 외로움의 고통이다. 구원을 청할 수가 없다는 것은 일종의 마비상태이다. 당신은 누군가가 이런 딜레마를 알아차리고 도와주기를 기다릴 수 있을 뿐이다.

방랑하는 화란인이 쫓겨난 폭풍우는 "위쪽" 허공 속에 있다. 외로움은 언제나 "위쪽 그곳"에 있는데, 이것은 하나의 추상적인 개념이다. 세상에는 수십 억의 사람이 살고 있다. 그렇다면 우리는 외로움을 느낄 필요가 없다. 그러나 우리는 자신을 자신으로부터 소외시키고 구름 속으로, 외로움의 격렬한 고통을 향해 나아간다. 땅에 발을 디디고 있으면 우리는 세상의 에너지와 연결된 느낌을 갖게 되며 외로움을 느끼지 않는다. 먼저 자신의 내적 기반과 연결되어 있어야 다른 사람과의 관계도 맺을 수 있다. 한가롭게 거닐다 saunter란 단어는 중세에 사람만이 아니라 무생물체도 신성시하면서 생겨난 말이다. 십자가도 신성시되었고 땅까지도 신성시되었다. 땅은 성 대지Saint Terrare : 聖 大地라고 불렸다. 그러므로 우리가 거닐 때는 신성화된 땅, 성 대지와 접촉하는 것이다. 땅 위를 딛고 거닐면서 땅에다 자신을 연결시켜 보라. 이것은 외로움을 치유할 수 있는 중요한 수단이다.

매일 저녁 바람이 굴뚝 주위를 감아돌 때 마을 사람들은 외로움 속에서 소리치는 방랑하는 화란인의 외침을 듣는다. 마을 사람들은 이 무서운 소리를 듣지 않으려고 모두 집안으로 달려가 대문과 창문을 꼭꼭 닫아건다. 젊은 선장은 오랜 세월을 이처럼 북부 독일의 마을 굴뚝 끝에서, 허공의 폭풍우 속에서 신음소리를 내며 살아간다.

그런데 어느 날 마음씨 착한 시골 처녀가 그의 신음소리를 듣고 밖으로 나가 그를 부른다. 처녀는 방랑하는 화란인을 자기 쪽으로 부른다. 그것이 전부다. 젊은 선장은 허공에서 내려와 외로움에서 벗어나게 된다. 두 사람은 사랑하게 되고, 젊은 선장은 인간성을 되찾는다. 대지에 발을 딛고 사는 시골 처녀만이 그의 외로움을 이해한 것이다.

우리 가운데 많은 사람이 외로움을 감당할 수 없는 방랑하는 화란인이다. 외로움을 잊으려 오락에 몰두하지만 우리의 욕망은 채워지지 않는다. 우리 현대인들은 외로움에서 벗어나려고 TV와 여러 가지 영상 스크린을 하루에 일곱 시간 이상 본다. 그런데도 늦은 밤 굴뚝 꼭대기를 맴도는 신음소리는 그지없이 고통스럽다. 외로움은 커져가고 광고업자들이 그 속을 파고들어 속삭인다. **이렇게 하면 기분이 좋아질 거예요**.

외로움에는 세 종류가 있다. 과거를 그리워하는 데서 오는 외로움, 아직 이루지 못한 것에 대한 욕구로부터 오는 외로움, 신에게 가까이 감에서 비롯되는 심오한 외로움. 세 번째 외로움은 사실상 그 자체가 해결책이다. 좋은 신화에서 외로움의 고통으로부터 빠져나올 단서를 발견할 수 있다. 좋은 신화는 고통을 묘사하면서도 한편으로는 해결책도 보여준다.

과거를 그리워하는 데서 오는 외로움

어떤 심리적 문제이든 치유의 첫걸음은 그것을 인정하는 것이다. 문제의 형상을 정확히 그려내고 이름을 붙일 수 있다면, 당신이 느끼는 외로움의 원인이 무엇인지 설명할 수 있다면 절반은 해결된 것이다. 얼마나 많은 것을 포기하고 싶은지 스스로 인정하는 것, 이것이 치유의 시작이다.

첫 번째 외로움—과거를 그리워하는 외로움—은 퇴행적이다. 이것은 생의 이른 시기인 청소년기나 성년기 초기에 찾아온다. 우리는 우리가 나왔던 곳으로 돌아가려 한다. 우리는 지나온 좋았던 시절의 편안함과 안정, 그리고 익숙했던 환경을 갈망한다. 당신은 어린 시절로 돌아가 놀이터, 뒤뜰, 어린 시절 오르던 나무, 초등학교 친구들을 만나는 꿈을 자주 꾸지 않는가? 이것이 과거 회귀형 외로움, 에덴 동산을 향하는 갈망이다. 이런 외로움을 치유할 방법은 별로 없다.

우리는 과거로 돌아갈 수 없다. 성경에서는 화염을 뿜는 칼을 든 천사가 에덴 동산으로 들어가는 문을 막아서서 지키고 있다고 말한다. 과거 회귀형 외로움은 어머니의 자궁 속으로 돌아가려는 마더 콤플렉스이다. 이것이 남성에게서 나타날 때 특히 위험하다. 왜냐하면 이것은 힘을 포기하고 후퇴하려는 경향이며, 성취를 회피하려는 욕구이기 때문이다. 이런 경향은 대부분의 남성들이 인정하는 것보다 훨씬 강하며, 남성을 내면에서 허물어뜨리는 원인이다. 학교에서 시험을 보거나 취업을 위해 면접을 볼 때 두려움을 느끼게 되는데, 이것은 성공에 대한 공포일 것이다. 적은 내면에 있다.

익숙한 환경을 찾아가려는 외로움은 결혼생활을 망치고, 직장에서 낙오하게 하며, 생활의 모든 면에서 당신을 무기력하게 만든다. 이것으로부터 완전히 벗어난 사람은 없다. 이것은 원시 순수상태로 돌아가려는 욕구이다. 슬픔은 지난날에 몰입하는 정서의 다른 표출이다. 무언가 상실했을 때 슬픔과 외로움을 느끼는 것은 당연하지만, 이는 과거를 갈망하는 정서이다. 우리가 상실한 것은 사람만이 아니라 우리의 황금을 맡겨둘 장소이기도 하다. 우리는 황금을 찾아와 그 무게를 감당할 준비가 아직 되어 있지 않기 때문이다. 그러나 과거를 갈망하는 정서는 이미 생명을 다한 것이다. 우리는 되돌아갈 수 없다.

어떤 심리적 문제이든 치유의 첫걸음은 그것을 인정하는 것이다. 문제의 형상을 정확히 그려내고 이름을 붙일 수 있다면, 당신이 느끼는 외로움의 원인이 무엇인지 설명할 수 있다면 절반은 해결된 것이다. 얼마나 많은 것을 포기하고 싶은지 스스로 인정하는 것, 이것이 바로 치유의 시작이다.

아직 이루지 못한 것에 대한 욕구로부터 오는 외로움

그는 자신의 영혼을 뒤흔들 완벽한 여인과 완전한 사랑을 꿈꾼다. 그것이 이루어지지 않았기 때문에 그는 외로운 것이다. 그는 외로움을 덜어줄 무엇인가를 외부에서 찾으려 한다. 그러나 외로움을 덜어줄 해법은 내면에서만 찾을 수 있다. 우리의 가치와 의미가 언제나 우리 자신의 외부에 있다면 문제를 치유해 줄 그 누구, 그 무엇, 그 어딘가 혹은 그 어떤 조건을 "하기만 한다면" 곧바로 찾아낼 수 있을 것이다. 우리는 불가능한 방식으로 문제를 해결하려 매달리고 있다.

다음 장에서 보게 되겠지만 단테는 『신곡』에서 지옥의 맨 아래쪽을 가장 고통스러운 곳으로 묘사하고 있다. 그곳은 모든 것이 얼어붙은 곳이고, 완벽한 추위가 있는 곳이다. 외로움은 언제나 춥다. 그것은 비안간적이다. 가장 고통스러운 지옥은 관계가 맺어지지 않는 곳, 연결되지 않는 곳, 그래서 얼어붙은 곳이다. 지옥의 얼음이 지옥불보다 더 고통스럽다.

두 번째 외로움은 가능은 하지만 아직 이루지 못한 것에 대한 욕구로부터 오는 외로움이다. 민감하며 활력이 넘치는 인간은 자신이 무엇을 해낼 수 있는지를 직관적으로 알고 있다. 그의 직관력은 앞으로 나아가려 하며 무엇을 해낼 수 있는지를 그려본다. 그는 자신의 영혼을 뒤흔들 완벽한 여인과 완전한 사랑을 꿈꾼다. 그것이 이루어지지 않았기 때문에 그는 외로운 것이다. 그는 외로움을 덜어줄 무엇인가를 외부에서 찾으려 한다. 그러나 외로움을 덜어줄 해법은 내면에서만 찾을 수 있다. 우리의 가치와 의미가 언제나 우리 자신의 외부에 있다면 문제를 치유해 줄 그 누구, 그 무엇, 그 어딘가 혹은 그 어떤 조건을 "하기만 한다면" 곧바로 찾아낼 수 있을 것이다. 우리는 불가능한 방식으로 문제를 해결하려 매달리고 있다.

내 다음번 저서의 제목은 하기만 한다면이 되어야 할 것 같다. 심리학으로 모든 사람을 분석할 수만 있다면, 결혼하기만 한다면, 이혼하기만 한다면, 돈이 좀더 많이 모이기만 한다면, 암 치료가 끝나기만 한다면 … 등. "하기만 한다면"은 무엇이 문제가 되는지를 깨닫는 중간 단계이다. 그러나 당신은 그것을 외부의 원인으로 돌리고 자신의 문제가 아니라고 주장한다. 당신이 느끼는 결핍은 새로운 도전과제, 새로운 정신적 능력, 새로운 통찰력일 수는 있지만 당신의 내면에서 되도록 빨리 황금을 단련해내는 것이 좋다. 비록 아직은 황금을 갖지 못하더라도 그 가치를 깨닫는 것이 시작이다.

첫 번째 종류의 외로움—과거를 그리워하는 데서 오는 외로움—은 우리를 뒤와 아래로 향하게 한다. 두 번째 종류의 외로움—아직 이루지 못한 것에 대한 욕구로부터 오는 외로움—은 우리를 앞으로, 위로 향하게 한다. 최소한 이것은 전향적인 외로움이다. 이것은 우리로 하여금 무엇인가를 성취하게 한다. 그러나 어느 방향이 되든 우리를 움직이게 만든다는 점에서 두 가지 외로움은 마찬가지이다.

내면세계의 부름

외로움의 본질, 그것이 어떻게 우리에게 다가오며 그것에 어떻게 대처해야 하는지를 말해주는 힌두 신화가 있다. 방랑하는 화란인과 유사하지만 그보다는 정교하다. … 어떻게 해야 할지 알 수 없을 때는 가만히 앉아 지혜가 돌아올 때까지 기다려야 한다.

외로움의 본질, 그것이 어떻게 우리에게 다가오며 그것에 어떻게 대처해야 하는지를 말해주는 힌두 신화가 있다. 방랑하는 화란인과 유사하지만 그보다는 정교하다.

옛날에 젊고 훌륭한 왕이 있었다. 왕은 정력이 넘치고, 강인하며, 모든 면에서 뛰어난 인물이었다. 사냥을 좋아했던 그는 어느 날 신하들과 함께 말을 타고 사슴사냥을 나갔다. 인도 신화에서는 내면세계의 부름, 무의식의 부름은 흔히 바로 눈앞에 있으면서도 잡히지 않아 애를 태우게 만드는 사슴으로 나타난다.

왕과 신하들은 함께 말을 달리다가 화살이 닿을 수 있는 거리에서 사슴을 발견했다. 왕은 사슴이 있는 쪽으로 말머리를 돌려 쫓기 시작했지만 신기하게도 사슴은 그 때마다 시야에서 사라지곤 했다. 왕은 하루 종일 사슴을 쫓느라 점점 숲속으로 깊이 들어갔다. 왕은 사슴을 잡겠다는 한 가지 생각만으로 모든 힘을 쏟아부었다. 오후 늦은 시각이 되자 왕은 숲속에서 길을 잃었고 사슴은 사라졌다. 얼마나 멋진 사슴인가. 사슴은 당신이 가야 할 곳으로 인도해 놓고는 떠나가 버린 것이다.

신하들과 떨어진 데다가 몸까지 지친 왕은 두려움을 느꼈다. 현명했던 왕은 말에서 내려 땅바닥에 앉았다. 어떻게 해야 할지 알 수 없을 때는 가만히 앉아 지혜가 돌아올 때까지 기다려야 한다. 갑자기 노랫소리가 들렸다. 한 처녀가 왕이 지금까지 들어본 적이 없는 아름다운 노래를 부르고 있었고, 왕은 그 목소리에 반해버렸다. 왕은 일어나 노랫소리가 들리는 쪽으로 다가갔고, 이윽고 그 처녀와 마주치게 되었다. 처녀의 모습은 목소리만큼이나 아름다웠다. 왕은 그 자리에서 처녀의 아름다움에 정신을 빼앗겼다.

왕이 처녀에게 물었다. "그대는 결혼한 몸인가?" 처녀가 대답했다. "아니옵니다." 다시 왕이 말했다. "그대여, 나의 왕비가 되어주겠는가?" "제 아버지에게 물어보십시오." 처녀의 대답이었다. 그래서 왕은 처녀에게 아버지가 있는 곳으로 안내해 달라고 부탁했고, 처녀는 왕이 말한 대로 했다.

처녀의 아버지도 현명한 사람이었다. 왕의 장인이 된

다는 기대에 내심 기쁘면서도 그는 기쁜 표정을 밖으로 드러내지 않았다. 처녀의 아버지는 이렇게 말했다. "왕이시여, 제 딸을 왕비로 맞는 데는 한 가지 조건이 있습니다. 제 딸은 절대로 물을 보아서는 안 됩니다." 여기서 물이라는 단어를 현실이라는 단어로 바꾸어 보면 당신은 이 이야기의 의미를 쉽게 이해할 수 있을 것이다. 왕은 이 조건을 수락하였고 두 사람은 결혼하였다. 그러나 한 가지 문제가 있었다. 왕비가 물을 보지 못하게 하려면 어떻게 해야 할까.

현실 회피하기

모든 사랑, 별똥별을 보고 기원하는 모든 낭만적인 사랑은 이러한 제약을 안고 있다. 그런 사랑은 당신이 현실에 복종하지 않는 한, 평범한 일상 속으로 함몰되지 않는 한 유지될 수 있다. 그런데 일단 일상의 평범함이 이런 사랑 속으로 침투해 들어오면 사랑의 아름다움은 곧바로 허물어져 내린다. 그것이 낭만적인 러브 스토리이다.

왕은 왕비가 물을 볼 수 없도록 온갖 조처를 하였으나 이 일은 생각했던 것보다 어려웠다. 왕궁은 수도 한가운데를 흐르는 강가에 있었다. 왕은 강을 따라 벽을 세우도록 하였다. 왕비와 함께 외출을 하거나 왕궁의 지붕 위로 올라가 바깥 풍경을 보고자 할 때도 왕은 들판 저 멀리에서라도 비가 오는 날을 피해야 했다. 왕은 왕비가 물을 보지 못하도록 하는 일에 몰두하다 보니 국사를 돌볼 틈이 없었다. 왕이 왕으로서의 중요한 임무를 수행할 수 없게 되자 왕국은 쇠퇴하기 시작했다.

마침내 어느 날 신하들이 몰려와 왕을 공박했다. "왕이시여, 우리를 만나셔야 합니다. 전하께서는 왕국을 다스리지 않고 있습니다." 왕은 이렇게 대답했다. "시간이 없어 그렇다. 물러가라." 왕국이 심각한 위기에 처했으나 왕에게 국사를 돌보도록 간청해도 왕이 딴 곳에 마음을 온통 빼앗겨

소용이 없음을 안 신하들의 우두머리가 왕궁의 하인들을 불러 물었다. “도대체 왕궁 안에서 무슨 일이 벌어지고 있는가? 너희들은 무얼 하고 있는가?” 왕궁의 하인들이 대답했다. “저희들은 왕비가 물을 보지 못하도록 하는 일에 모든 시간과 힘을 쏟고 있습니다.”

이 신화는 우리에게 무엇을 말해주고 있는가? 왕은 앞날의 가능성을 찾아 전력을 다하여 질주하던 중에 새로운 사랑을 발견하게 된다. 사랑하는 여인은 왕의 가슴을 따뜻하게 채워주고, 누려 마땅한 세상의 온갖 기쁨을 가져다 줄 것이지만 현실에 영향을 받아서는 안 된다는 조건을 갖고 있다. 모든 사랑, 별똥별을 보고 기원하는 모든 낭만적인 사랑은 이러한 제약을 안고 있다. 그런 사랑은 당신이 현실에 복종하지 않는 한, 평범한 일상 속으로 함몰되지 않는 한 유지될 수 있다. 그런데 일단 일상의 평범함—이 신화에서는 물로 상징되고 있다—이 이런 사랑 속으로 침투해 들어오면 사랑의 아름다움은 곧바로 허물어져 내린다. 그것이 낭만적인 러브 스토리이다.

우두머리 신하가 왕에게 찾아와 이렇게 말했다. “전하, 궁궐의 지붕 위에 정원을 만드십시오. 그곳에 나무를 심고 아름다운 꽃들을 심은 후 지붕을 씌우면 비가 내려도 문제가 없을 것입니다. 전하와 왕비께서는 그곳에서 시간을 보내며 행복하게 지낼 수 있을 것입니다." 이에 왕은 그 신하의 말대로 하였고 성공적이었다.

현실과의 만남

우리의 이상주의, 우리의 고상한 동기, 우리의 고매한 직관력은 현실과 접촉하는 그 순간 소멸한다. … 외로움의 심연에 빠진 사람은 무엇으로도 위로받지 못한다. 누구도, 그 무엇도, 아무리 많은 돈과 명예도, 아무리 즐거운 오락이라도 외로움을 무너뜨릴 수 없다. 여기까지 우리는 아직도 이루지 못한 것, 빼앗긴 그 무엇을 지켜보았다. 이것이 가장 잔인한 외로움이다.

어느 날 그 신하가 물었다. "전하, 물을 보고 싶지 않으십니까?" 왕은 자신의 속마음을 말해주었다. "목이 타는 느낌이네. 그렇지만 내가 하고 싶은 대로 했다가는 왕비가 곤란해질까 걱정이네." 그래서 신하가 새로운 제안을 내놓았다. "전하, 정원의 한가운데에 연못을 파고 왕비께서 보지 못하도록 주위를 두터운 나무 울타리로 두르면 됩니다. 전하께서 물을 보고 싶으실 때는 몰래 가서 보시면 기분이 상쾌해질 것입니다." 이후로 왕은 정기적으로 연못으로 가 갈증을 풀었다.

그러던 어느 날 왕비가 어쩌다 그 연못을 보게 되었다. 왕비는 잠시 기쁨에 빠졌으나 그 순간 사라져 버렸다. 우리의 이상주의, 우리의 고상한 동기, 우리의 고매한 직관력은 현실과 접촉하는 그 순간 소멸한다. 왕비가 사라지자 왕은 외로움으로 지쳐갔다. 세상에서 원했던 모든 것, 접촉해

왔던 모든 것들이 사라진 것이다. 왕은 아무것도 먹지도 않고 마시지도 않았다. 왕의 외로움을 덜어줄 수 있는 것은 아무것도 없었다.

신하들은 왕의 기운을 북돋우려 애썼다. 그들은 세상에서 진기한 것들이라면 모조리 왕에게 바쳤다. 그러나 외로움의 심연에 빠진 사람은 무엇으로도 위로받지 못한다. 누구도, 그 무엇도, 아무리 많은 돈과 명예도, 아무리 즐거운 오락이라도 외로움을 무너뜨릴 수 없다. 여기까지 우리는 아직도 이루지 못한 것, 빼앗긴 그 무엇을 지켜보았다. 이것이 가장 잔인한 외로움이다.

왕은 모든 것이 얼어붙은 지옥에 떨어진 것이다. 아무도 그를 도울 수 없었다. 여태껏 그런 일은 한 번도 없었으므로 신하들은 어떤 치유법도 찾지 못했다. 그런데 어떤 지혜로운 사람이 왕비가 사라졌을 때 작은 개구리 한 마리가 옥상 정원의 연못가에 나타났던 것을 알아차렸다. 이 사람은 개구리와 왕비의 실종 사이에 어떤 관련이 있는지는 몰랐으나 그런 일이 일어난 사실은 알아차렸다. 왕은 개구리 얘기를 듣자 옥상 정원으로 올라가 직접 개구리를 잡아 바닥에 내리쳐 납작하게 만들었다. 그리고 왕은 왕국 안의 모든 개구리를 잡아 죽이라는 명령을 내렸다. 이후 몇 주 동안 죽은 개구리를 담은 포대를 짊어지고 상금을 받으러 왕궁으로 향하는 농부들의 무리가 줄을 이었다. 헤아릴 수 없이 많은 개구리가 잡혀 죽었고, 모든 백성들은 개구리를 잡아 왕궁으로 가져가는 일에 매달렸다. 왕은 개구리가 왕비의 실종에 어떤 방식으로든 영향을 미쳤다고 믿었던 것이다. 이것은 외로움의 이상한 증상이다. 우리는 개구리를 보이는 대로 죽임으로써 외로움을 스스로 영속화하는 것이다.

그러던 어느 날, 마침내 개구리들의 왕이 왕을 찾아와 말했다. "왕이시여, 우리 동족을 모조리 죽일 작정입니까? 나는 그대 왕비의 아버지로소이다. 그대의 왕비는 당신이 맹세를 어기자 개구리들의 나라로 돌아왔소이다." 왕은 그의 말을 끝까지 듣고는 개구리 왕을 좋아하게 되었다. 그래서 두 왕은 서로 화해하고 그 의미로 평화조약을 체결하였고, 개구리 왕은 자신의 딸인 연못가에 있던 작은 개구리를 되살려 놓았다. 왕비는 화려한 모습으로 부활하였다. 왕은 왕비를 포옹하였고, 두 사람은 다시 행복해졌다. 이후로 왕비는 물로부터 억지로 떨어져 있지 않아도 되었다.

변신과 구원

결혼 초기에 경험했던 당신의 희열은 거짓이 아니지만 거기에 머물 수만은 없다. 건조한 시기에 부닥쳐 이겨내야 첫번 만남의 환희가 돌아올 것이고, 이후로 그 환희는 더 견고해져 쉽게 깨지지 않을 것이다. 그러니 천상의 희열뿐만 아니라 평범한 생활의 시련도 맛볼 수 있도록 스스로를 다듬어야 한다.

왕과 개구리 왕비의 얘기는 변신과 구원의 신화이다. 어떤 위안과 구제도 불가능한 그런 외로움에 빠졌다면 당신은 이 얘기로부터 지혜를 빌릴 수 있고, 그것이 도움이 될 것이다. 이것이 두 번째 종류의 외로움을 이겨내는 방법이다. 무언가 천상세계에 속하는 것에 접촉했을 때, 그것이 기적처럼 당신의 손에 들어왔지만 아직 현실 속에 노출시킬 준비가 되어 있지 않을 때, 현실이 그것에 손을 대면—필연적으로 그렇게 될 수밖에 없지만—꿈은 사라지고 당신의 외로움은 이전보다 더 악화된 상태로 돌아갈 것이다. 그러므로 당신은 자신의 내면을 들여다 보면서 물을 보아도 소멸되지 않는 방법을 찾아내야 한다. 자신의 무의식, 자신의 영혼과의 연결을 회복한다면 당신의 사랑은 현실공포증을 치유받고 돌아올 것이다.

왕과 왕비 두 사람은 물, 즉 현실을 보지 않고도 살아가는 방법을 찾아냈다. 그러나 왕은 그와 같은 상황을 감당할 수 없었다. 그런 상황을 감당할 수 없었던 쪽은 어쩌면 왕비였는지도 모른다. 어떤 관계도 현실, 즉 물을 수용하지 않고서는 유지될 수 없다. 영적으로만 고양된 사람들 가운데 많은 사람들이 원대한 비전에 몰입하는 취약한 단계에 머물고 있다. 그 비전은 물이 스며들기만 하면 사라진다. 이 신화에 등장하는 왕도 그렇지만 범상치 않은 여정에 나선 모든 영웅들은 가장 큰 고통을 겪는다.

어떤 관계에서건 때가 되면 모든 남자와 여자는 의심을 품게 된다. 나의 왕비는 언제 개구리로 돌아갔을까? 당신이 이 위기를 극복해낼지 여부는 신을 볼 수 있는 당신의 능력에 달려 있다. 처음에는 실패한다. 왕과 왕비가 결혼하면 우리는 두 사람이 영원히 행복하게 살았다는 걸로 얘기가 끝나기를 기대한다. 그런데 그렇게 될 수는 없다. 모든 결혼이 이런 양상을 되풀이한다. 이 단계에서 결혼은 와해될 수 있다. 왕비는 개구리로 돌아가고 왕은 수태지로 돌아간다. 두 사람은 처음 시작할 때 가졌던 천상의 비전을 지속시킬 수 없게 된다. 개구리에게는 물이 필요한 것이다.

결혼 초기에 경험했던 당신의 희열은 거짓이 아니지만 거기에 머물 수만은 없다. 건조한 시기—물이 없는—에 부닥쳐 이겨내야 첫번 만남의 환희가 돌아올 것이고, 이후로 그 환희는 더 견고해져 쉽게 깨지지 않을 것이다. 그러니 천상의 희열**뿐만 아니라** 평범한 생활의 시련도 맛볼 수 있도록 스스로를 다듬어야 한다.

신에게 가까이

홀로 있음으로부터 벗어나 비전을 가질 수 있을 때 구원이 찾아오고 외로움은 사라진다. 비전이 완성되었기 때문이 아니라 그것이 처음에는 환영(幻影)이었기 때문이다. 비전은 결코 채워지지 않는다. 신이 우주 가운데 편재(遍在)한다는 사실을 받아들일 때 외로움에서 벗어날 수 있는 새로운 깨달음이 생긴다.

세 번째 종류의 외로움은 가장 미묘하고도 난해한 것이다. 그것은 위험할 정도로 신에게 가까이 다가가는 데서 오는 외로움이다. 신에게 가까이 다가감은 언제나 처음에는 극도의 고통으로 나타난다. 어떤 대상을 간절히 바라지만 가까이 가도 접촉할 수 없음은 참을 수 없는 고통이다. 중세 격언에 "외로움의 유일한 치료법은 홀로 있음"이라는 말이 있다.

서양 세계에서는 외로움이 극도로 확대되었다. 우리를 보호해 주던 옛 방식은 사라졌다. 우리는 신화에서 왕이 개구리를 죽이는 것과 같은 단계에 도달했고, 그래서 우리는 영속적이고 치유 불가능한 외로움을 느끼는 것이다. 이와 같은 고통 속에 빠질 때 우리는 그것으로부터 벗어나고자 비명을 지른다. 그러나 우리의 인식이 깊어가면 우리는 눈에 띄지 않는 곳으로 조용히 물러나 앉아 이 딜레마가 해결될 때까지 꼼짝 않기로 마음먹는다. 때로 이 여정은 지독한 것이다. 이 단계를 좀더 빨리 지나갈 수 있을지, 아무리 몸부림쳐도 그 구비대로 따라갈 수밖에 없는 좁은 길인지 알 수가 없다.

홀로 있음으로부터 벗어나 비전을 가질 수 있을 때 구원이 찾아오고 외로움은 사라진다. 비전이 완성되었기 때문이 아니라 그것이 처음에는 환영幻影이었기 때문이다. 비전은 결코 채워지지 않는다. 신이 우주 가운데 편재遍在한다는 사실을 받아들일 때 외로움에서 벗어날 수 있는 새로운 깨달음이 생긴다.

나가야 할 외부는 결코 존재한 적이 없다. 그러나 내면에서는 할 일이 많다. 외로움을 홀로 있음으로 변화시키는 인식은 비상한 재능이다. 손이 없는 소녀*는 위기에 부닥

* 그림 형제 동화집의 한 얘기 제목이자 주인공. 가난한 방앗간 주인의 어린 딸이 악마에게 팔린다. 그러나 악마는 신앙심이 깊고 순결한 소녀를 데려갈 수가 없자 아이의 아버지를 강압하여 소녀의 두 손을 자르게 한다. 세상 밖으로 쫓겨난 소녀는 우여곡절 끝에 왕비가 된다. 왕이 전쟁터로 나간 사이에 왕비는 아들을 낳지만 악마의 장난으로 괴물을 낳은 것으로 알려지고, 이에 왕은 모자를 죽이라고 명한다. 인정 많은 모후의 배려로 왕비와 왕자는 숲으로 달아나 7

칠 때마다 숲으로 들어가 홀로 있게 된다. 이것이 여성적인 방식의 특별한 능력이다. 이것은 여성적인 영성이다.

년 동안 숨어 산다. 전쟁터에서 돌아온 왕은 이 사실을 알고 나서 왕비와 왕자를 찾아내 왕궁으로 데려온다(역주).

홀로 있음과 공동체

당신의 외로움이 무엇에서 비롯되었는지 말할 수 있다면 많은 것들이 드러날 것이다. 당신이 떠나온 곳, 그리고 행복했던 시절로 돌아가고 싶은가? 아니면 당신의 목숨과도 같은 비전을 찾았는가? 이 둘의 차이는 앞으로 나아가는 것과 뒤로 물러나는 것만큼이나 분명하다.

직관에 의존하고 내성적인 나는 홀로 있을 때 외로움을 느끼는 경우가 거의 없다. 20대 초반일 때 나는 망루에 올라가 산불을 감시하는 일을 했었다. 산꼭대기에서 넉 달을 혼자 보냈지만 나는 외로움을 느낀 적이 없었다. 그곳에서는 현실이 나를 건드리지 않았다. 내게는 왕비가 떠나갈 위험이 없었다. 그러나 문명세계로 돌아오자마자 산사태처럼 외로움이 나를 짓눌렀다. 산꼭대기에 있을 때는 그토록 행복했는데 산 아래로 돌아오자 이토록 거칠게 시달리는 이유는 무엇일까? 평생토록 산꼭대기에서 살고 싶은 건 아니었다. 나는 은둔자가 아니다. 왕이 그랬던 것처럼 환상 속의 생활이 현실이라고 하는 물의 충격을 마침내 이겨낼 수 있을 때까지 왔다갔다 하지 않을 수 없다. 내 속의 왕비는 물에 맞서는 방법을 터득해야만 했다. 그것이 과정이다. 나는 누구든 영적인 세계와 접촉한 사람은 이러한 대기실을 거쳐 가야 한다고 믿는다.

정직하고 지각 있는 사람이라면 퇴행적 외로움인 첫 번째 유형과 표현하기 어려운 두 번째와 세 번째 유형의 차이를 알 것이다. 두 번째와 세 번째 유형은 거의 구분이 되지 않는다. 당신의 외로움이 무엇에서 비롯되었는지 말할 수 있다면 많은 것들이 드러날 것이다. 당신이 떠나온 곳, 그리고 행복했던 옛 시절로 돌아가고 싶은가? 아니면 당신의 목숨과도 같은 비전을 찾았는가? 이 둘의 차이는 앞으로 나아가는 것과 뒤로 물러나는 것만큼이나 분명하다.

융 박사는 자신의 상담실을 찾아온 사람들은 연대기적 연령에 관계 없이 모두가 스물한 살이거나 아니면 마흔다섯 살이라고 말했다. 스물한 살은 되돌아가고자 하는 욕망이 매우 강하다. 마흔다섯 살은 아직은 감당할 수 없는 그 무엇과 접촉하고 있다. 모든 치료법은 이 두 가지 주제로부터 나온다.

홀로 있음

에덴 동산과 천상의 예루살렘은 같은 곳이며, 당신이 뒤돌아보느냐 아니면 앞을 바라보느냐에 따라 이름이 달라질 뿐이다. … 외로움은 당신을 파괴할 수도 있고, 당신을 분발시켜 단테처럼 지옥과 연옥을 거쳐 파라다이스를 찾아가는 여정에 나서게 할 수도 있다. 십자가의 성 요한은 이것을 영혼의 어두운 밤이라고 불렀다. … 외로움을 홀로 있음으로 변화시킬 수 있다면 모든 경험 중에서 가장 고귀한 경험이 당신의 한 발짝 앞에 있는 셈이다. 이것이 외로움의 치유법이다.

에덴 동산과 천상의 예루살렘은 같은 곳이며, 당신이 뒤돌아보느냐 아니면 앞을 바라보느냐에 따라 이름이 달라질 뿐이다. 외로움에 감염된 사람은 성인聖人이다. 그는 개체화 과정을 겪고 있다. 그것이 성장일지 퇴행일지는 자신이 어떻게 대응하느냐에 달려 있다. 외로움은 당신을 파괴할 수도 있고, 당신을 분발시켜 단테처럼 지옥과 연옥을 거쳐 파라다이스를 찾아가는 여정에 나서게 할 수도 있다. 십자가의 성 요한*은 이것을 영혼의 어두운 밤이라고 불렀다.

나는 그 무엇으로도 손댈 수 없는, 아무런 치유법이

* Saint John of the Cross(1542–1591). 스페인 출신의 성인(1726년 諡聖됨). 아빌라의 성 테테사와 함께 맨발의 카르멜 수도회를 창립한 것으로 알려져 있으며, 뛰어난 영성문학 작품을 남김(역주).

없을 것 같은 더할 수 없이 고통스러운 외로움을 경험했다. 어느 날 내 생애의 절반이 되는 시점에서—단테의 경우와 약간은 유사하다—나는 이 외로움에 지친 나머지 침실로 들어가 침대에 얼굴을 파묻은 채 혼자 말했다. "이게 해결되기 전에는 꼼짝도 하지 않겠어." 그 상태로 오랜 시간이 지나자 외로움이 조금 사라졌다. 단테는 지옥으로 들어가 대지의 중심에 있는 악마를 만나고 다른 편으로 올라가 연옥을 보았다. 나는 조금 나아진 느낌을 받았으나 일어나 무언가를 하려 하자 이내 외로움이 되돌아왔다. 나는 여러 차례 세상을 유랑했고, 점차 표현할 수 없는 그 무엇인가가 내 삶을 채워주었으며, 외로움이 물러갔다. 외부가 변화한 것은 없었다. 변화는 순전히 내면에서만 일어났다.

토마스 머튼*은 홀로 있음에 관한 아름다운 글을 남겨놓았다. 그는 어떤 사람은 신과 같이 홀로 있음을 감당해야 하는 책무를 지고 있다고 하였다. 홀로 있음은 외로움이

* Thomas Merton(1915–1968). 미국인 신부이자 시인이며 사회운동가이다. 영성과 사회정의에 관한 70여 권의 저작을 남김. 종교 간의 대화를 강조하고 아시아의 영적 지도자(달라이 라마, 틱낫한 등)들과 교류함(역주).

다음 단계의 실체로 진화한 것이다. 신과 같은 홀로 있음을 감당해야 하는 사람에게는 다른 어떤 일도 하도록 요구해서는 안 된다. 그가 감당해야 할 홀로 있음은 그토록 어려운 일이기 때문이다. 수도승에게 홀로 있음은 신의 존재를 느끼는 초기 단계이다. 외로움을 홀로 있음으로 변환시킬 수 있다면 모든 경험 중에서 가장 고귀한 경험이 당신의 한 발짝 앞에 있는 셈이다. 이것이 외로움의 치유법이다.

CHAPTER 3
러브 스토리

단테『신곡』에서 베아트리체의 모습

베아트리체는 천상의 아니마이며, 부드럽고 아름다운 모든 것들의 비전이다. 당신도 단테처럼 불운한 사람이라면—비인격적인 면에서는 불운하지 않더라도—당신 삶 속에서의 베아트리체는 당신을 떠나 사라지거나 죽을 수 있다. 베아트리체는 매우 섬세하게 다루어야만 당신의 내면에서 살 수 있다.

러브 스토리 한 편을 함께 감상해 보자. 그 이전에 있었던 수많은 러브 스토리나 그 이후에 계속되는 수많은 러브 스토리와 별반 다를 것이 없다. 그러나 이 한 편은 위대한 시인이 주인공이고 그 시인이 가장 아름다운 언어로 기록했다는 점에서 특별하다.

단테는 피렌체의 아르노 강을 가로지르는 폰테 베키오 다리 근처에 서 있었다. 때는 서양 문명에서 한 위대한 집단 무의식이 떠올랐던 서기 1300년 직전이었다. 단테는 다리 위에 서 있는 베아트리체를 보았다. 그는 청년이었고, 그녀는 그보다 어린 나이였으며, 이 때 단테는 영원의 비전을 갖게 되었다. 그것은 완벽함의 비전이었다.

단테는 그녀에게 말을 걸지 않았다. 그는 그녀를 몇 차례밖에 보지 못했다. 그러다가 베아트리체는 페스트에 걸려 저 세상으로 갔다. 자신의 비전을 상실한 단테는 절망에 빠졌다. 그녀는 그의 영혼을 천상 그 자체로 연결해 주는 중개자였다.

그로부터 650년이 흘러 제2차 세계대전 중에 미군이 독일군을 추격하여 이탈리아 반도를 북상하고 있었다. 독일군은 미군의 진격에 이용될 수 있는 모든 다리를 폭파하고 있었고, 아르노 강 위의 모든 다리도 폭파 대상이었다. 단테가 베아트리체를 처음 보았던 장소이며 그 때의 광경을 기록해 놓았던 폰테 베키오 다리는 누구도 폭파하고 싶지 않았다. 그래서 독일군은 무전을 통해 미군과 접촉해 미군이 이 다리를 이용하지 않는다고 약속하면 온전하게 남겨놓겠다고 말했다. 약속은 지켜졌다. 다리는 폭파를 면했고 단 한 사람의 미군도, 단 한 점의 군사장비도 이 다리를 건너지 않았다. 많은 사람들이 경험하지 않은 것은 믿지 않으며 현실로 분명하게 드러난 증거를 요구한다. 이 얘기야말로 내가 제시할 수 있는 가장 확실한 사실이다. 폰테 베키오 다리는 베아트리체가 그곳에 서 있었기 때문에 잔인한 현대전 가운데서도 살아남았다.

단테는 결혼하게 되고 아내와의 사이에 세 아이를 두었다. 그러다가 어느 날 인생의 반환점에서 단테는 갑자기 심각한 침체에 빠졌다. 그의 서사시 『신곡』은 인생의 오후를 거닐다가 깊은 구덩이에 빠지는 단테 자신의 모습으로부터 시작한다. 어떤 작가도 중년의 위기를 이처럼 잘 묘사하지는 못했다. 일상은 순탄하고 가진 것도 많다. 그러다가 갑자기 구덩이에 빠진 것이다.

단테는 지하세계에 떨어졌다. 지옥이란 곳으로 들어가는 문에는 "이곳으로 들어오는 모든 이여, 희망을 버려라"는 표지가 붙어 있다. 단테는 계속 나아가다가 비르길리우스를 만난다. 고대 로마의 시인인 비르길리우스는 그에게 지옥을 보여주기 위해 천상에서 보낸 안내자이다. 지옥은 나선형으로 아래로 내려가며 아홉 개의 층으로 되어 있는데, 한 층씩 내려갈수록 더 고통스러워진다. 작품 속에서 단테는 평소에 그를 괴롭혔던 인물들—그 중에는 추기경이 두 명이나 있다—을 지옥에 배치했다. 오늘날 우리가 상상하고 있는 지옥의 모습은 부분적으로는 단테가 묘사한 데서 나온 것이다. 비르길리우스는 지성을 상징한다. 당신의 내면으로의 여정에서 첫 단계의 안내자는 지성, 다시 말해 지성의 남성적 강인함과 균형과 분별력이다.

지옥의 맨 아래층이 가장 고통스럽다. 그곳에서는 모든 것이 얼어붙어 있다. 삶의 차가움—외로움과 무의미함—에 다다른다는 것은 인간이 경험할 수 있는 최고의 고통이며, 지옥의 뜨거움보다도 더 고통스럽다. 비르길리우스의 안내로 단테는 지옥의 밑바닥까지 가서도 계속 나아간다. 들어간 문을 통해서 지옥을 나올 수는 없다. 계속 나아가면서 맞은편 출구를 찾아야 한다. 지옥의 맞은편에 천국이 있다.

단테와 비르길리우스는 세계의 중심에 다다르고, 그곳에는 악마가 살고 있다. 마지막 단계, 중력이 제로인 세계의 중심을 지나고 악마의 털북숭이 다리 아래를 떨면서 지나 마침내 연옥에 이른다. 지옥에는 온갖 악행—삶의 온갖 추악한 면모—이 나열되어 있고, 연옥은 그런 악행들을 씻어내고 되돌려놓기 위한 교정작업이 진행되는 곳이다. 당신은 그곳에서 치료받아야 한다.

치료한다treat는 동사의 어원은 "끌다, 끌어당기다"란 뜻의 라틴어 tractus와 trahere이다. 고대의 의사들은 각기 다른 크기의 구멍이 뚫린 돌들을 사용하여 환자를 치료했다. 처음에는 가장 큰 구멍을 통해 환자를 끌어내고, 점차로 작은 크기의 구멍으로 옮겨가며 구멍 사이로 환자를 끌어냈다. 이 과정에서 살갗이 약간 벗겨지는데, 그러면 치료가 된 것이다. 단테는 세계의 중심에 있는 구멍을 통과하여 연옥으로 올라간다. 연옥은 여러 단계의 교훈이다.

여기서 비르길리우스는 단테에게 이렇게 말한다. "나는 이제 더 이상 자네를 인도할 수 없네. 여기서부터는 나보다 더 위대한 이가 자네를 인도할 것이네." 비르길리우스에게 전적으로 의존했던 단테는 두려움에 빠진다. 비르길리우스가 계속하여 말한다. "여기서부터는 베아트리체가 인도할 걸세." 폰테 베키오 다리 위에서 천국의 비전을 보여주었던 바로 그 베아트리체이다.

이 신성한 여정을 시작할 때 사람들은 자제력을 잃어버린다. 이것은 두려운 일이다. 완전히 의존적인 모습, 그것이 현대인의 놀라운 면모이다. 비르길리우스는 떠나면서 핵심적인 메시지를 남기고 간다. "이성이 더 이상 자네를 이끌 수는 없네. 여기서부터 자네를 이끄는 것은 영감일세. 이제 천국의 비전이 안내자가 될 걸세."

이 말을 받아들일 준비가 되었을 때 베아트리체가 등장할 것이다. 내가 아는 어떤 이는 내면으로의 여정의 이 단계에서 그를 위한 안내자가 어디에 있는지 내게 물었다. 그는 베아트리체 같은 여성을 절실히 필요로 했다. 나는 그에게 능동적인 상상을 통해 그런 여자를 찾으라고 권했다. 그러자 그런 여자가 곧바로 나타나 그에게 말했다. "나는 24년 동안 당신을 기다리고 있었어요. 당신이 찾고자 하면 금

방 찾아낼 수 있었어요." 베아트리체는 당신이 찾는 그 순간 바로 그곳에 있을 것이며, 당신의 말에 귀 기울일 만반의 준비가 되어 있다.

베아트리체는 단테에게 세계의 통합된 단일 비전을 보여준다. 그녀는 단테에게 연옥의 구석구석을 보여주고 천국으로 인도한다. 그러나 그녀는 마지막 순간에 이상하게도 안내자의 역할을 성 베르나르에게 넘겨준다. 그러나 베아트리체는 단테를 연옥의 밑바닥에서부터 천국으로 인도하는 여정이며, 온전함과 치유라는 여정의 저승사자psychopomp—영혼의 안내자를 의미하는 기막힌 중세어이다—이다. 단테가 여정을 성공적으로 끝마칠 수 있었던 것은 첫 번째로는 비르길리우스를 만난 덕분이지만, 그를 인도하며 각성시키고 영성을 일깨워 준 중요한 안내자는 베아트리체이다.

오늘날에도 베아트리체의 영향력은 결코 줄어들지 않았다. 모든 남성은 이중적인 아니마*를 갖고 있다. 남성은 생래적으로 여성에 대한 두 개의 비전을 갖고 있으며, 둘 사이의 딜레마를 어떻게 처리하느냐에 따라 남성의 고결함이

* anima : 남성의 무의식 속에 내재해 있는 여성적 특성(역주).

결정된다. 첫 번째 비전은 여성을 천상의 존재로 보는 것이다. 베아트리체처럼 남성에게 미지의 세계를 열어 보여주고는 말 없이 떠나간다. 베아트리체는 남성의 삶에서 이른 시기에 등장하는데, 남성은 그녀를 다시 만날 수 있을 만큼 강해질 때까지 멀리 하려 한다. 또 다른 비전은 재미 있고 성적인 매력이 넘치며 완벽한 배우자감인 세속적 여성상이다. 이런 여성은 어두운 면—한 마리의 용, 암컷, 창녀—을 포함하여 인간적인 속성을 모두 가지고 있다. 모든 남성은 여성에 대한 어두운 기대와 밝은 기대 사이에서 혼란을 겪고 있다. 그리고 모든 여성은 남성이 이 두 가지 비전 사이에서 방황하고 있다는 것을 경험을 통해 알고 있다.

여성의 아니무스*도 이중적이며 남성에 대한 두 가지 환상을 갖고 있다. 하나는 백마를 탄 기사이고 또 하나는 야만인이다. 여성의 영적 안내자는 언제나 남성이며, 베아트리체가 단테에게 했던 것과 같은 방식으로 여성을 인도한다. 동성애자에게도 같은 일이 일어나는데 다만 상대에 따라 성의 역할만 바뀔 따름이다. 우리는 모두 같은 경로를 따르고

* animus : 여성의 무의식 속에 내재해 있는 남성적 특성(역주).

있다.

베아트리체는 천상의 아니마이며, 부드럽고 아름다운 모든 것들의 비전이다. 당신도 단테처럼 불운한 사람이라면—비인격적인 면에서는 불운하지 않더라도—당신 삶 속에서의 베아트리체는 당신을 떠나 사라지거나 죽을 수 있다. 베아트리체는 매우 섬세하게 다루어야만 당신의 내면에서 살 수 있다. 당신이 베아트리체와 결혼한다면 결혼생활은 표류할 것이다. 그와 같은 결혼은 결혼이라기보다는 숭배이기 때문이다. 아니면 당신은 당신의 베아트리체를 세속적인 아니마로 전락시키고 당신이 결혼한 여신이 왜 이 모양으로 변했는지 회의에 빠질 것이다. 단테도 그랬지만 아마도 당신은 아이를 낳아주고 집안일을 꾸려갈 세속적인 여인과 결혼할 것이다. 당신은 동반자이다. 당신은 그녀와 대화하고 다투기도 하며 잠자리를 같이하면서 인생의 부침을 함께 헤쳐나간다. 그녀는 베아트리체가 아닌 것이다.

자식들도 장성하고 일에서도 많은 것을 성취한 마흔다섯 혹은 쉰의 나이가 되었을 때, 어느 날 갑자기 당신은 구덩이에 빠질 수 있다. 당신이 예민하고 지적일수록 그 구덩이는 더 깊을 것이다. 비르길리우스와 같은 모습의 안내자가 등장하여 당신의 삶에 있어서 잘못된 모든 것들을 지적해 줄 것이다. 이것이 바로 아홉 층 지옥이다. 당신의 안내자, 당신의 지성은 당신의 환상을 깨뜨릴 것이다. "이곳에 들어오는 모든 이여, 희망을 버려라"는 융이 말한 "개체화 과정" 또는 남성의 영성화의 전형적인 시작이다. 나더러 이 말을 고쳐 쓰라고 한다면 나는 "모든 기대와 지금 갖고 있는 생각을 포기하라"고 말하고 싶다.

지성의 역할은 지옥의 종류를 보여주는 것, 허망한 짓들을 알려주는 것이다. 당신이 고결한 사람이라면, 그리고 당신이 앞으로 나아간다면 베아트리체는 희망과 여성성의 빛나는 모습으로 찾아와 당신의 나머지 여정을 안내하여 마침내 당신을 천국으로 조용히 데려다 줄 것이다. 이것은 당신 생애에서 가장 심오한 경험의 하나가 될 것이다.

현대의 남성과 여성은 이런 여행을 어떻게 떠나야 하는지 잊어버렸다. 최상의 동기에서—우리에게 자양분을 주고 지상에서 우리의 삶에 의미를 부여해 주는 비전을 찾으려는—출발했으면서도 우리는 미친 짓을 한다. 우리는 환상 속의 여성성을 찾으려고 결혼생활을 파탄내고 다른 여자와 결혼한다. 이 점에서 우리는 단테의 여정으로부터 교훈을 얻을 수 있을 것이다. 우리가 기억해야 할 가장 중요한 교훈은 무엇이 악행인지를 구별하도록 이끌어 준 비르길리우스와 천상의 세계로 안내한 베아트리체는 모두 내면세계의 인물이며, 두 사람이 인도한 길 또한 내면세계로의 여정이라는 점이다. 물론 그 여정이 외부로 표출되는 영역도 있다. 당신이 예술가라면, 당신이 시인이며 교사, 치유하는 사람 또는 신비주의자라면 당신의 여정을 감각할 수 있는 결과물로서 외부로 표출할 것이다. 그래도 그 여정은 근본적으로는 내면세계의 것이다. 이것이 우리가 깨달아야 할 핵심이다.

결혼 상대로 베아트리체 같은 인물은 결코 찾아낼 수 없을 것이다. 그녀는 당신의 상상, 당신의 예술과 기도 속에 존재한다. 당신의 내면세계에서 그녀를 찾는다면 그녀는 곧바로 나타날 것이다. 그러자면 당신 내면의 여성성이 갖고 있는 귀중한 특질인 부드러움, 아름다움, 풍부한 감수성과 사랑을 먼저 받아들여야 한다. 그렇게 하지 않고서는 진정한 온전함을 이루기 어렵다. 실제로 그런 여인이 당신의 삶 속에 들어온다 하더라도 그것은 내면세계로의 여정에서 터득한 당신 자신의 깨달음이 준 은총일 뿐이다. 그것은 다른 곳에 있지 않다. 그것은 당신의 내면에 있다.

CHAPTER 4
왕의 귀환

원형의 출현

한 개인이나 하나의 문화를 지배하는 원형을 이해하면 그 사람이나 문화의 내면에서 무엇이 일어나고 있는지를 깊게 파악할 수 있고, 나아가 앞으로 어떤 일이 벌어질지도 이성적으로 추론할 수 있다. 점차로 이해하기 어려워지는 세계에서 혼란스러운 사태를 충분히 조감하자면 원형적 토대를 찾아가는 것이 도움이 된다.

한 개인이나 하나의 문화를 지배하는 원형을 이해하면 그 사람이나 문화의 내면에서 무엇이 일어나고 있는지를 깊게 파악할 수 있고, 나아가 앞으로 어떤 일이 벌어질지도 이성적으로 추론할 수 있다. 점차로 이해하기 어려워지는 세계에서 혼란스러운 사태를 충분히 조감하자면 원형적 토대를 찾아가는 것이 도움이 된다.

나로서는 이런 탐험여행이 융이 독일인들의 정신을 지배하고 있던 원형에 관하여 1921년에서 1945년 사이에 쓴 잘 알려지지 않은 논문 몇 편을 읽는 데서 시작되었다. 그가 만난 모든 독일인 환자들은 나이의 많고 적음에 관계 없이, 유식하든 무지하든 새로운 원형을 가지고 있는 것처럼 보였다. 융은 그것을 "금발의 야수"라고 불렀는데, 그것이 독일인들의 무의식 속에서 그와 같은 모습으로 자주 나타났기 때문이다. 1930년이 되자 그것은 분명히 확인할 수 있는 모습으로 나타났고, 융은 그것을 독일과 북유럽 신화에 나오는 광포한 지혜와 전쟁의 신인 오탄이 다시 나타났다고 표현했다. 오탄은 여러 면에서 그리스 신화에 나오는 디오니소스와 비견된다. 그는 자기도취적이고, 매력적이며, 무한한 에너지를 갖고 있어서 세상을 뒤집어 놓는 경우가 많다. 1930년대 초가 되자 오탄을 원형적인 힘으로 한 정치운동이 나치즘이라는 이름으로 독일을 휩쓸었다. 그것은 1940년이 되자 더욱 광포해졌고, 1945년이 되자 유럽에 폐허를 남겨 놓았다.

이것이 한 세대 동안에 문화의 원형이 나타난 간단한 역사이다. 물론 오도된 방향으로 나타났기 때문에 좋은 예는 아니다. 그것은 다른 방향으로 전개될 수도 있었다. 독일에서 제3제국이 일어나 유럽을 구원할 것이라는 신화가 유럽 전체에 예부터 퍼져 있었다. 융은 이 오래된 신화를 새로 일어난 정치적 소동에 연결시키고 새로운 지배, 새로운 생활, 유럽의 구원이 등장하는지를 10여 년에 걸쳐 세밀히 관찰하였다. 그러나 결과는 사산이었다. 역사는 인간의식을 확대하거나 새로운 진화를 낳기 전에 비틀거리는 경우가 종종 있다. 그러므로 우리는 희망을 잃지 말아야 한다.

구원

황금 시대를 만들어냈던 왕은 미래에 다시 돌아와 황금 시대를 재건하겠다는 약속을 한다. … 우리에게는 시간에 묶인 세계와 영원이 교차하는 지점이 있는데 그것이 구원이다. 그것은 우리에게 희망을 주는 영광스러운 약속이다.

예전의 왕이 미래의 왕이 되는 신화와 예언은 세계 도처에 널려 있다. 황금 시대를 만들어냈던 왕은 미래에 다시 돌아와 황금 시대를 재건하겠다는 약속을 한다. 지금처럼 영국을 하나로 뭉치게 한 위대하고 고결한 왕 아서가 그 한 예이다. 아서는 통치 말년에 죽은 것이 아니라 치유의 장소인 아발론 섬으로 옮겨졌으며, 필요한 때가 되면 돌아오겠다는 약속을 했다고 한다. 멕시코 신화에서도 신왕神王 케찰코아틀은 죽기 직전에 자신이 필요하면 다시 돌아오겠다는 약속을 했다.

인도 신화에 따르면 신의 화신이 천 년에 한 번씩, 또는 세상에 큰 어려움이 생겼을 때 지상으로 내려온다고 한다. 붓다가 그 한 예이다. 현재 인도에서는 새로운 화신이 태어났는데, 성장하면 사람들 앞에 모습을 드러내고 새로운 구원자가 될 것이란 소문이 나돌고 있다고 한다. 이 말을 그대로 믿었다가는 실망하게 될 것이다. 그들은 수시로 왔다가 수시로 간다. 그러나 내면적인 의미로 본다면 그것은 실제로 가능한 일이다. 우리에게는 시간에 묶인 세계와 영원이 교차하는 지점이 있는데 그것이 구원이다. 나는 왕의 귀환의 약속 신화에 매료되어 있다. 그것은 우리에게 희망을 주는 영광스러운 약속이다.

직해(直解)는 우상숭배다

그리스도의 재림 교리는 기독교인들에게는 왕의 귀환에 관한 얘기 가운데서 가장 위대한 얘기이다. 초기 기독교인들은 그리스도가 부활한 지 여드렛째 날에 찾아와 세상을 천년왕국으로 인도할 것이며, 그 때면 시간은 멈추고 다툼과 고통이 사라지며 천상의 왕국이 가까이 있게 된다고 믿었다. 그러나 이 얘기를 직해를 벗어나 시간과 공간이 없는 내면 세계로 가져간다면 우리는 즉각적이고 생생한 사실을 발견하게 될 것이다. 그리스도의 재림은 단순히 일어날 수 있는 사건이 아니라 지금 문을 두드리고 있는 현실이다.

영국의 철학자 오언 바필드Owen Barfield는 매일매일 나의 심금을 울리는 말을 남겼다. 그는 "직해는 우상숭배"라고 하였다. 내면세계를 문자 그대로 우리가 살고 있는 시간과 공간의 세계에 끌어들이면 당신은 그 세계를 잃어버릴 것이다.

유년기와 청소년기에 나는 교회에 매료되어 몰두했다. 그런데 나이가 들면서 나는 회의적이 되었고, 교회와의 관계를 완전히 끊었다. 후에 중세의 저작을 읽고 나는 기독교 신앙을 갖게 되었다. 그 책에서는 그리스도는 끊임없이 느껴야 하는 존재, 끊임없이 마구간에서 태어나는 존재, 끊임없이 장로들을 곤혹스럽게 하는 존재, 끊임없이 유다에게 배신당하는 존재, 끊임없이 십자가에 못 박히는 존재, 끊임없이 부활하는 존재이며, 무엇보다 놀라운 것은 끊임없이 재림하는 존재라고 하였다.

그리스도의 재림 교리는 기독교인들에게는 왕의 귀환에 관한 얘기 가운데서 가장 위대한 얘기이다. 초기 기독교인들은 그리스도가 부활한 지 여드렛째 날에 찾아와 세상을 천년왕국으로 인도할 것이며, 그 때가 되면 시간은 멈추고 다툼과 고통이 사라지며 천상의 왕국이 가까이 있게 된다고 믿었다. 이것을 글자 그대로 받아들이면 감동스러울 게 별로 없다. 너무나 추상적이고 현실과 거리가 먼 얘기다. 이것이 말 그대로 이루어지기를 기다린다면 최후의 심판 날까지 기다려야 할 것이다.

그러나 이 얘기를 직해를 벗어나 시간과 공간이 없는 내면세계로 가져간다면 우리는 즉각적이고 생생한 사실을 발견하게 될 것이다. 기독교 신앙 전체를 시간에 매이지 않는 사실로서 내면으로 받아들일 준비가 되어 있거나 그렇게 선택한다면 우리는 즉각 그것을 촉감할 수 있을 것이다. 그리스도의 재림은 단순히 일어날 수 있는 사건이 아니라 지금 문을 두드리고 있는 현실이다.

안식일

그리스도는 한 옥타브, 즉 여드레 안에 돌아와 생명의 순환적 본질을 종식시킨다고 하였다. 여드렛째는 일요일이며, 그래서 기독교인들은 일요일을 거룩한 날로 섬긴다. 일요일을 지킨다는 것은 왕국으로의 인도를 믿는다는 의미이며, 우리 자신을 시간의 바깥쪽 영원으로 옮기는 일이다. 기독교 신앙은 과정의 완결이며, 인간이 지상에 머무는 한 피할 수 없는 순환적 본질의 종결이다.

그리스도는 한 옥타브, 즉 여드레 안에 돌아와 생명의 순환적 본질을 종식시킨다고 하였다. 여드렛째는 일요일이며, 그래서 기독교인들은 일요일을 거룩한 날로 섬긴다. 일요일을 지킨다는 것은 왕국으로의 인도를 믿는다는 의미이며, 우리 자신을 시간의 바깥쪽 영원으로 옮기는 일이다. 한 주의 여덟 번째 날이기 때문에 그날 이외에는 날이 없다. 논리적으로 따진다면 이건 말이 안 된다고 할 수 있다. 한 주의 여드렛째는 월요일이 돌아온다. 그러나 하나의 상징으로 받아들인다면 우리의 무의식 깊숙한 곳에는 예수가 재림하는 날은 단 하루밖에 없다. 단 한 번의 미사, 단 한 번의 예배밖에는 없는 것이다. 이것은 이어지는 과정이 아니다. 기독교 신앙은 과정의 완결이며, 인간이 지상에 머무는 한 피할 수 없는 순환적 본질의 종결이다.

유대인들의 관습으로는 토요일이 안식일이다. 그들

도 첫째 날 뒤로 일곱 날이 이어진다고 생각한다. 이것은 영원한 귀환의 신화이다. 엘리아데는 세상에는 시간의 직선적 특징보다는 시간의 순환적 특징을 믿는 사람이 더 많다고 지적하였다. 안식일Sabbath, 토지의 신Saturn, 토요일Saturday은 모두 7이란 숫자와 관련이 있다. '제7일 예수강림 교파' 는 안식일을 토요일에 지킨다. 7은 순환의 상징이다.

꿈속에서나 신화에서 나타나는 숫자를 다룰 때는 액면 그대로 받아들이면 그 의미를 놓치게 된다. 숫자는 고유의 상징성을 갖고 있으며, 이렇게 이해할 때 숫자는 양이 아니라 질을 나타낸다. 이와 관련하여 재미 있는 중국 설화가 있다. 군대가 적군에 포위되어 절체절명의 위기에 빠지자 장군이 참모들을 불러 어떻게 할 것인지 물었다. 후퇴하여 조금이라도 손실을 줄여볼 것인가, 아니면 결사적으로 포위망을 뚫고 나갈 것인가? 밤새도록 논쟁을 벌여도 결론을 내리지 못하자 새벽녘에 투표를 하게 된다. 여섯 사람은 후퇴를, 네 사람은 싸우는 쪽을 택했다. 그래서 군대는 전투에 돌입했다. 4라는 숫자가 6이란 숫자보다 좋은 숫자이기 때문이다. 이것이 비직해적 사고이다. 이 돌파전투에서 승리한 것은 물론이다. 그렇지 못했더라면 이 얘기는 전해지지 않았을 테니까.

천상의 예루살렘

환상을 새로운 시각으로 보면 천상의 예루살렘이 보인다. 이것은 약속이 아니라 지금 이곳에 존재하는 사실이다. 우리에게는 시간을 벗어날 수 있는 능력이 있다. 시간을 벗어난다면 순간에서 영원을 볼 수 있다. 영원을 보기 위해 어딘가를 찾아갈 필요도 없고 줄서서 기다리지 않아도 된다. 이것은 새로운 사실이 아니다. 다만 새로운 시각일 뿐이다.

그리스도의 재림을 한 주의 여덟 번째 날에 일어나는 내면세계의 실제 상황이라고 상상해 보라. 8이란 숫자는 옆으로 뉘어놓으면 알 수 있듯이 무한대의 상징이다. 아이의 세례식에서 사용하는 세례반洗禮盤은 모서리가 여덟 개이다. 이것은 세례를 받음으로써 8각형의 의식세계, 즉 영원으로 인도된다는 의미이다. 이러한 상징의 세계에서는 8을 넘는 숫자가 없다. 생명의 순환적 본질이 소멸되고 삶이 완성되었기 때문이다.

인도의 한 브라만 친구가 내게 말했다. "로버트, 마야maya가 뭔지 잘 알지? 그렇다면 마하마야mahamaya가 뭔지 설명해 줄게." 인도인의 개념에서는 마야는 환상, 가공의 현실이다. 마하는 위대함을 의미한다. "마하마야는 궁극적인 현실이야. 지혜의 눈으로 마야를 바라본다는 의미야." 환상을 새로운 시각으로 보면 천상의 예루살렘이 보인다. 이것은 약속이 아니라 지금 이곳에 존재하는 사실이다. 우리에게는 시간을 벗어날 수 있는 능력이 있다. 시간을 벗어난다면 순간에서 영원을 볼 수 있다. 영원을 보기 위해 어딘가를 찾아갈 필요도 없고 줄 서서 기다리지 않아도 된다. 이것은 새로운 사실이 아니다. 다만 새로운 시각일 뿐이다.

받아들일 준비가 된다면, 나아가 선택하기만 한다면 그리스도의 재림은 우리 각자에게 일어날 수 있다. 이것은 감화, 고양된 깨달음, 영적인 무게중심의 위치가 옮겨지는 경험을 말하는 기독교적 표현이다. 우리는 역사의 구속을 받지 않는다. 그리스도의 재림은 개개인에게 일어날 수 있다. 우리가 재림의 실재를 회의하지 않을 수 있을 때까지 그것은 우리를 기다리고 있을 것이다.

시간에 묶인 세계와 영원이 교차하는 지점에 서 있는 사람들은 의외로 많다. 그들은 그것의 구조를 이해하지 못하기 때문에 그냥 버려두고 가버린다. 성인聖人은 우리가 생각하는 것보다는 훨씬 더 보편적으로 존재한다.

교회와 미사

그리스도는 해와 같고 교회는 달과 같다고도 했다. 해가 달로부터 가장 멀어졌을 때 달은 보름달이 된다. 그리스도가 교회로부터 가장 멀리 있을 때 교회는 가장 큰 권능을 가진다. 해와 달이 서로 가장 가까워지면 달은 전혀 빛을 발하지 못한다. 여러 전통들이 진리에는 절대적인 것과 상대적인 것이 있다고 말한다. 기독교 신앙에서는 그것이 시간과 공간이 없는 영원과 인간의 차원인 교회로 표현된다. 우리에게는 두 가지—임시로 머무는 곳으로서의 교회와 만물의 보다 높은 차원의 질서를 깨닫는 통찰력—가 다 필요하다.

중세에는 미사—성찬식, 시간의 속박으로부터 벗어나 영원한 깨달음으로 들어가는 출발점—는 그리스도가 임시로 머무는 곳이라고 생각했다. 미사는 단 한 번만 열릴 수 있는 것이지만 거듭하여 올릴 수 있다. 교회는 비직해적 사실을 다루는 곳, 그리스도의 재림이라는 심원한 상징으로 그것을 가르치는 곳이었다. 비직해적으로 생각할 줄 아는 사람에게는 그곳은 완벽한 기독교 신앙이라는 보석이 기득 찬 곳이었다.

교회는 또한 그리스도가 임시로—부활한 후로부터 여드렛째 재림할 때까지—머무는 곳이라고 하였다. 그리스도는 해와 같고 교회는 달과 같다고도 했다. 해가 달로부터 가장 멀어졌을 때 달은 보름달이 된다. 그리스도가 교회로부터 가장 멀리 있을 때 교회는 가장 큰 권능을 가진다. 해와 달이 서로 가장 가까워지면 달은 전혀 빛을 발하지 못한다.

그리스도의 재림이 가까워지면 교회는 임무를 다하고 해체될 수 있다. 교회와 미사는 그리스도의 본질이 임시로 머무는 곳이므로 천국에서는 교회도 미사도 없다. 그리스도는 천국에 있으므로 임시로 머물 곳이 필요 없게 된다.

여러 전통들이 진리에는 절대적인 것과 상대적인 것이 있다고 말한다. 기독교 신앙에서는 그것이 시간과 공간이 없는 영원과 인간의 차원인 교회로 표현된다. 우리에게는 두 가지—임시로 머무는 곳으로서의 교회와 만물의 보다 높은 차원의 질서를 깨닫는 통찰력—가 다 필요하다.

문화적 갈망

직해주의는 끝을 알지 못한다. 직해주의는 통찰력의 사망이다. 원형의 고상한 구조는 누구든 그것에 접촉하기로 마음 먹고 또 그것에 접촉할 수 있는 사람이라면 진정으로 내면적인 방식으로 언제든지 재현할 수 있다. 때로 그 접촉점은 우리의 가장 깊고 어두운 순간에만 드러난다.

하나의 문화로서 우리는 그리스도의 재림을 갈망한다. 새로운 깨달음이 일어나고 있다. 모든 사람들이 그것을 감지하고 있다. 어떤 사람들은 그것을 새로운 시대—두 마리의 물고기로 상징되는 물고기자리의 시대를 벗어나 한 남자가 물 항아리를 어깨에 메고 물을 붓는 모습으로 상징되는 물병자리의 시대로 들어가는—라고 부른다. 물병자리의 근원은 그리스 신화에서 제우스에게 유괴되어 지상에서 신들의 세계로 올라와 제우스 옆에서 술을 따르는 일을 맡은 가니메데스Ganymede이다. 가니메데스는 천상의 잔치가 있을 때 술을 따른다. 내게는 물병자리보다 가니메데스가 더 의미가 있다. 잔에 포도주를 채우는 존재는 디오니소스의 전임자이자 그리스도의 선구자이며, 재림 예수와 마찬가지로 다가올 시대의 통치자이다.

히피 문화는 무언가 새로운 것, 생명의 포도주, 감동

을 찾는 사람들이 그리스도 재림의 원형으로부터 자극을 받아 일으킨 순진한 재림 운동이었다. 마약 문화는—매우 저급한 수준이기는 하지만—그리스도의 재림에 대한 갈망, 시간과 공간에 속박되어 있는 의식에서 벗어나 법열法悅 : ecstacy을 경험하려는 욕구의 또 다른 표현이다. 마약 문제로 찾아오는 환자에게 나는 그가 충격을 받을 만한 얘기를 해주는 경우가 많다. "당신의 행동은 옳습니다. 당신의 욕구와 기대는 정당합니다. 다만 방법이 문제이지요."

욕구불만, 혼돈, 맹목성이 이 시대의 풍토병인 것 같다. 나는 이것이 그리스도의 재림을 갈망하는 징조라고 생각한다. 그러나 그런 갈망은 지혜의 인도를 받아야 한다. 그리스도의 재림은 시간의 속박을 받지는 않지만 시간이 필요하다. 새로운 깨달음, 새로운 성배의 성, 새로운 정점의 경험을 찾을 때까지 우리는 당분간 실수를 거듭할 것이다.

재림이 언제나 일어날 수 있는 일이라면 세상은 왜 이토록 혼돈에 빠져 있는가? 잘못된 단계에서 재림을 시도한다면 우리가 할 수 있는 최상의 것이 최악의 것으로 변할 수 있다. 히틀러주의 같은 세상에서 가장 나쁜 소동도 그 동기와 동력은 고상한 원형적 에너지였다. 빗나가면 추악한 결과를 낳을 수 있다. 원형의 고상한 본질을 제대로 이해하기까지 성숙해지려면 빗나감은 필요한지도 모른다.

그리스도의 재림 또는 왕의 귀환의 원형이 다시 부정적인 형태로 분출될 위험이 매우 크다. 나치즘이 우리 시대에 있었던 사례이다. 잘못 해석하여 문제를 일으킬 수 있는 원형이 도처에 널려 있다. 직해주의는 끝을 알지 못한다. 직해주의는 통찰력의 사망이다. 원형의 고상한 구조는 누구든 그것에 접촉하기로 마음 먹고 또 그것에 접촉할 수 있는 사람이라면 진정으로 내면적인 방식으로 언제든지 재현할 수 있다. 때로 그 접촉점은 우리의 가장 깊고 어두운 순간에만 드러난다.

지상과 천상의 조화

연설은 합리적이기는 하지만 상상력이 없으며 신비의 깊이를 쉽게 담아낼 수 없다. 그래서 우리에게는 상징과 상징적인 언어가 필요하다. … 신의 존재와 일상생활의 신성함을 다 함께 담아낼 수 있는 능력이 우리 자신의 내면에 존재한다. 이 둘은 실제로는 하나이다.

아빌라의 성 테레사*는 불시에 법열에 빠져 탈진했다고 한다. 그녀는 어떤 때는 몇 분 동안, 때로는 더 긴 시간 동안 법열에 빠졌다. 그러나 곁에서 지켜본 사람들에 의하면 아침 식사를 마련하는 동안에는 법열에 빠진 적이 없다고 한다. 그랬더라면 아침 식사를 다 태웠을 것이다. 영원은 우리의 실제 생활과 빈틈 없이 들어맞을 수 있다. 토스트와 황홀경을 따로 다루는 일은 불가능하지 않다.

우리를 이 지독한 모순으로부터 구해줄 시인이 필요하다. 연설은 합리적이기는 하지만 상상력이 없으며 신비의

* St. Teresa of Avila(1515–582). 스페인의 성인(1622년 시성). 십자가의 성 요한과 함께 맨발의 카르멜 수도회를 창립했다고 함. 영성과 신비주의 저작을 많이 남김(역주).

깊이를 쉽게 담아낼 수 없다. 그래서 우리에게는 상징과 상징적인 언어가 필요하다. 미사—시간과 영원이 교차하는 가장 위대한 상징—를 올리는 동안 우리는 시간과 공간으로부터 해방된다. 그러나 미사가 끝나면 우리는 집으로 돌아가 아침 식사를 준비해야 한다. 신의 존재와 일상생활의 신성함을 다 함께 담아낼 수 있는 능력이 우리 자신의 내면에 존재한다. 이 둘은 실제로는 하나이다.

저자에 관하여

1921년 오리건 주 포틀랜드 출생. 열한 살이 되던 1933년에 자신의 미래를 알게 되는 신비한 체험을 하게 된다. 오리건 대학과 스탠포드 대학에서 수학한 후 1945년에 캘리포니아에서 활동하던 인도의 영성교사 크리슈나무르티를 찾아가 2년 동안 배운다. 그 후 스위스 취리히에 있는 칼 융 연구소에서 프리츠 쿤켈Fritz Kunkel과 함께 융C. G. Jung의 정신분석을 연구한다. 1950년대 초에 헬렌 루크Helen Luke와 함께 로스엔젤레스에서 심리치료소를 열어 10여 년 동안 운영하다가 이 치료소를 닫고 미시건의 베네딕트 수도원에 들어가 4년을 머문다.

1967년에 캘리포니아로 돌아와 심리치료사 생활을 재개하고, 한편으로 샌디에고의 성 바울 교회에서 설교하면서 존 샌포드John Sanford와 긴밀한 관계를 맺게 된다. 1974년에 설교문을 모아 책으로 펴냈고, 이 책을 하퍼 & 로우사가 판권을 사들여 『신화로 읽는 남성성 He』(*He : Understanding Masculine Psychology*)라는 제목으로 다시 내자 베스트셀러가 된다. 그는 심리학, 신화와 꿈의 분석을 깊이 있게 융합하여 융의 이론을 단순하면서도 수준 높게 전달하는 뛰어난 재능으로 전 세계의 독자들을 감동시키고 있다. 그의 책은 250만 부 이상 팔렸다.

1973–1993년 동안 마음의 평화를 찾으러 매년 인도를 찾았다. 1981–2002년 동안에는 미국 남부와 캐나다에서 〈온전함으로의 여정〉이라는 단체가 조직한 워크숍을 수시로 주도한다. 지금은 샌디에고에서 평생의 교우관계에서 맺은 열매를 즐기며 살고 있다. 그가 평생토록 추구한 여정은 회고록 『천국과 지상의 균형』에 상세하게 드러나 있다.

그의 저작은 다음과 같다 :

▶ 『천국과 지상의 균형』(*Balancing Heaving and Earth : A*

Memoir, Jerry M. Ruhl과 공저)

- ▶『충만함』(*Contentment : A Way to True Happiness*, Jerry M. Ruhl과 공저)
- ▶『엑스터시』(*Ecstasy : Understanding the Psychology of Joy Feminity Lost and Regained*)
- ▶『신화로 읽는 남성성 He』(*He : Understanding Masculine Psychology*, 고혜경 옮김, 동연, 2006)
- ▶『내면작업』(*Inner Work : Using Dreams and Active Imagination for Personal Growth*)
- ▶『살아보지 못한 삶 살기 : 실현되지 못한 꿈을 극복하고 인생 후반기의 목표를 달성하는 방법』(*Living Your Unlived Life : Coping with Unrealized Dreams and Fulfilling Your Purpose in the Second Half of Life*, Jerry M. Ruhl과 공저)
- ▶『천상의 여인과의 삶 : 남성의 삶에 있어서 원형적 여성상의 이해와 통합』(*Lying with the Heavenly Woman : Understanding and Integrating the Feminine Archetypes in Men's Lives*)
- ▶『당신의 그림자가 울고 있다』(*Owning Your Own Shadow : Understanding the Dark Side of Psyche*, 고혜경 옮김, 에코의서재, 2007)

- 『신화로 읽는 여성성 She』(*She : Understanding Feminine Psychology*, 고혜경 옮김, 동연, 2006)
- 『물고기 왕과 손 없는 소녀 : 남성심리와 여성심리에 있어서 상처의 이해』(*The Fisher King and the Handless Maiden : Understanding the Wounded Feeling Function in Masculine and Feminine Psychology*)
- 『변형』(*Transformation : Understanding the Three Levels of Masculine Consciousness*)
- 『로맨틱 러브에 대한 융심리학적 이해』(*We : Understanding the Psychology of Romantic Love*, 고혜경 옮김, 동연, 2008)

옮긴이 **박종일**

고려대학교 정치외교학과 졸업

30여 년간 기업에서 일한 후 은퇴하여 번역가로 활동하고 있다.

번역서로는

- 존 벨라미 포스터(John Bellamy Foster) 저, 『벌거벗은 제국주의』(공역, 인간사랑, 2008)
- 얀 멜리센(Jan Melissen) 편저, 『신공공외교』(공역, 인간사랑, 2008)
- 존 벨라미 포스터(John Bellamy Foster) 외 저, 『다윈주의와 지적설계론』(인간사랑, 2008)
- 범문란 저, 『중국통사(中國通史)』(상/하)(인간사랑, 2009)
- 조셉 커민스(Joseph Cummins) 저, 『미국 대통령선거 이야기』(인간사랑, 2009)
- 톰 베델(Tom Bethell) 저, 『정치적으로 왜곡된 과학 엿보기』(인간사랑, 2009)
- 존 벨라미 포스터(John Bellamy Foster) 저, 『생태혁명』(인간사랑, 2010)

내면의 황금

초판1쇄 / 2010년 9월 20일

지은이 **로버트 A. 존슨**
옮긴이 **박종일**
펴낸이 **여국동**
펴낸곳 **도서출판 인간사랑**
인　쇄 **백왕인쇄**

출판등록 1983. 1. 26. / 제일 3호

(411-815) 경기도 고양시 일산구 백석동 1178-1
TEL (031)901-8144, 907-2003
FAX (031)905-5815
e-mail/igsr@yahoo.co.kr / igsr@naver.com

정가 9,500원

ISBN 978-89-7418-967-9 03180

※ 잘못된 책은 교환해 드립니다.